Allmogens uti Savolax och Karelen finska familjenamn

- betraktade i historiskt och arkeologiskt afseende

Carl Axel Gottlund

Allmogens uti Savolax och Karelen finska familjenamn

- betraktade i historiskt och arkeologiskt afseende

Bearbetad av Anna Forsberg

Veidarvon

Förord till denna utgåva

Carl Axel Gottlund (1796-1875) är i Sverige och Norge främst känd för sina dagböcker där han beskrifver sina vandringar på finnskogen i Gävleborg, Dalarna och Värmland i Sverige samt Hedmark i Norge åren 1817 och 1821, sina strävanden att kämpa för skogsfinnarnas sak och försök att skapa ett eget härad innefattande de socknar belägna på var sina sidor om den svensk-norska gränsen.

Förutom den skogsfinska saken, forskade han även om Finlands forna historia och intresserade sig tidigt för undersökandet av finska berättelser, sägner och myter.

Gottlund producerade ett stort material varav en omfattande del är publicerad, dock blev många andra intressanta manuskript opublicerade. Gottlund stötte på många motgångar under sitt liv men fortsatte oförtrytligt trots att han mot sin ålders höst fick större och större problem med sina motståndare inom myndigheter och den vetenskapliga världen.

Gottlund publicerade på egen hand två häften år 1872 - *Allmogens uti Savolax och Karelen finska familjenamn - betraktade i historiskt och arkeologiskt afseende* samt *Den finska Sampo-myten närmare uttydd och förklarad*. Enligt tidningsnotiser konfiskerades dock upplagan av den förstnämnda av "pressöverstyrelsen i anledning af några deri förekommande såsom smädeliga ansedda uttryck."[1] Gottlund överklagade förfarandet, dessvärre på ett för tjänstemännen grovt språk och dömdes att böta 300 mark.[2]

---

[1] *Morgonbladet*, 26 april 1876.
[2] *Wiborgs tidning*, 17 februari 1874.

Texten omarbetades av Gottlunds familj efter hans död och gavs därefter ut på nytt 1876. Nyutgåvan har dock inte hittats och texten i detta häfte är den text som utgavs 1872.

Texten innehåller många intressanta teorier, om än i dag inkorrekta och för fantasifulla för att uppfylla vetenskapliga kriterier. Det är ändå intressant att följa Gottlunds diskussioner där han försöker övertyga läsaren om det finska folkets uråldrighet och kopplingar, både historiskt och språkligt, till många av världens stora kulturer. Han hänvisar i många fall till den skogsfinska kulturen i Sverige och Norge både vad det gäller person- och platsnamn.

Det bör påpekas att Gottlunds manuskript ibland innehåller felaktigheter i framställandet. Således saknas not 36 i originaltexten och noterna i denna utgåva förskjuts därför ett steg. I övrigt är avskriften ordagrann, med kursiveringar, felstavningar och andra egenheter. Ord som är spärrade (framhävda med större mellanrum mellan bokstäverna än normaltexten) i originalet är dock inte spärrade i denna utgåva.

Vårt förlag, Veidarvon, har som mål att publicera material som bland annat rör den skogsfinska kulturen. Därför är publicerandet av detta häfte en naturlig fortsättning på våra tidigare utgivningar av Gottlunds anteckningar av finska släktnamn i husförhörslängder, hans stora förteckning över finska släktnamn i Sverige och Norge samt Matti Mörtbergs uppteckningar av folktro och trolldom på den värmländska finnskogen.

Anna Forsberg

Förord.

Eget nog måste jag anmärka, det jag redan såsom litet barn, (d. v. s. före 1808 års krig) — intresserade mig för dessa det *Finska folkets Slägtnamn,* och det till den grad — att jag ej blott igenomgick kyrkoböckerna i Jockas socken, för att derifrån uppsöka, och anteckna, alla de derbefintliga skilda, och många, inom Församlingen förekommande olika slags finska familjenamn, utan kunskapade jag härom dessutom äfven i närmaste socknar. Hvem kunde väl då ana, och allraminst jag — det jag nu, vid nära sju och sjuttio års ålder, skulle välja detta ämne till föremål för en närmare historisk forskning. *) Afven sedermera, under mina

---

*) Ja det ligger ofta redan medvetslöst nedlagdt i barnets anlag - fröet till dess andliga ulveckling. efler liksom en viss aning med afseende å framtiden; såframt nemligen detta frö sjelfständigt får utveckla sig, och ej störes eller qväfves, at motverkande orsaker. Åtminstone gäller detta om mig. Ty jag har nemligen nu efteråt, och i en sednare tid, funnit - att allt hvad jag i en mognare ålder sökt verka, och åstadkomma - redan, såsom ett *"embryon",* låg förborgadt *is nuce* — innan det såg ljuset . Så t.ex. då Domprosten M. J. Alopeus, i Borgå 1803 upptog i sitt hus en 7 års gammal purfinsk bondgosse, benämnd *Johannes,* med afsigt det han. såsom en jemnårig lekkamrat till Biskopens yngsta son, skulle lära denne tala finska, så antog min Fader, som då var hans landskaplan — likaledes, samma år, en dylik, lika gammal, finsk gynnare benämnd *Mikko,* för att lära mig samma språk. Men huru det gick, så lärde sig både *Mikko* och *Johannes* förr svenska, än jag, och Gabriel lärde oss Finska. Likväl, ehuru jag ingenting i detta fall lärde mig. var jag den

2

vandringar på de Svenska och Norrska Finnskogarne, åren 1817 och 1821, intresserade det mig att icke endast taga noga reda på dessa, der befintliga, Finska slägtnamn, utan äfven på hvilka byar, och gårdar — en hvar af dessa slägter

---

första som, i en sednare lid, kraftigast ifrade för detta språk. Min fader hade annars ett eget sätt att uppfostra sina barn. Aldrig plågade han oss med såkallade "läxor". Redan i min spädaste ålder sysselsatte han sig ofta, i likhet med Grekernas academici, med att endast tala och resonera, i det han förstod att — under för troliga och lärorika samtal — berätta mig en hop intressanta händelser och historier; hvilka ofantligen roade mig, och fängslade min nyfikenhet — hvarigenom de gjorde ett fortfarande djupt och varaktigt intryck på mig. Så t ex. erinrar jag mig ännu huru han — änskönt jag då var då liten alt jag ännu icke ens kände bokstäfverna — omtalte for mig Konung Gustat I:s äfventyrliga vistelse i Dalarne; huru han, gömd i halmlasset, på vägen till Marnäs i Svärdsjö, traffades af de Danskes spjut, och huru han i byn Isala tröskade i logen, och uti Utmelands by, i Mora socken, räddade sig for Danskarne i en källare m. m. Denna berättelse förstod han att afmäla så lifslefvande och hänförande (vid det han på en stol utbredde en karta öfver Sverige, och derå visade för mig hvarest provinsen Dalarne ungefär var belägen); så att jag tankte för mig sjelf — "den som vore så lycklig att få bese alla dessa namnkunniga och märkvärdiga ställen"! Och säg — hvad hände? Jo, 15 år sednare vandrade jag både genom Österdalarne och Westerdalarne. och beskådade noga alla dessa platser. Likaså då jag vid 14 års ålder ställlde mig i spetsen for åtskilliga jemnåriga ynglingar i närmaste granngårdar—utgaf jag. åren 1810 och 1811. en Tidning kallad *Jockas Posten* —väl ej från trycket. men jag skref, ensam. hvarje artikel deri, både på vers och prosa (hvaraf jag ännu äger 2:ne små häften i behåll) utan alt då ens kunna ana det jag, par decennier sednare skulle (år 1834) utgifva tvenne tidningar i sjelfva Stockholm. och sedermera (åren 1846— 1849) likaledes tvenne här i Helsingfors. Med ett ord — i barnets veka sinne, och lifliga fantasi, spelar ofta en gudafläkt, at hvad som detsamma tillkommer i en framtid.

först der bebyggt, och upptagit; äfvensom hvilka de ännu besitta och bebo. Ingen här i landet har dock härvid fästat någon uppmärksamhet, hvarken Styrelsen, Universitetet, Litteratursällskapet, Vetenskapssocieteten, eller Fornminnesforeningen, och det ehuru jag erbjudit mig att — utan afseende, å härvid af mig nedlagde mödor, kostnader och besvär, och — endast emot ersättning af tryckningskostnaden — offentligen meddela allmänheten det härvid vunna resultatet. Men hvad som Finnarne ej förstå sig uppå, det inser deremot utländningen, och vet att uppskatta det vetenskapliga värdet deraf. Så t. ex. hafva flere for mig alldeles okända personer, och det från åtskilliga håll, — detta afseende vändt sig till mig, med önskan om mina manuskripters publicerande. Ibland dem skrifver t. ex. till mig en adjunkt vid namn Martin Arnesen — hand såsom norrsk fornforskare isynnerhet hvad hällristningar och en hop lokala ortbenämningar beträffar (i hvilket afseende honom, för sådant ändamål, enkom af stortinget blifvit beviljadt behörigt resestipendium, och det ej mindre för år 1870 än 1871) — bland annat, i ett bref dateradt Fredrikshald den 17 Maj 1871: *De undskylder, at jeg tager mig den Frihed at skrive til Dem med Förespörgsel angaaende en Del Oplysninger, som jeg ved, De ken skaffe mig — Oplysninger, som jeg antager De med Velvillie opsöger og meddeler, da De i lange Tider her interesseret Dem for dette Emne, og med Kjerlighed her hængt ved det Folk, som her giæller. Det er Finnerne paa Brandvolds og Grue Finskog... Det sproglige i Stedenavne her jeg studeret meget. Hertil kunde De hjelpe mig. Jeg har en bestemt Formening om, at flere Stedsnavne er overforte fra Finland til svensk og norsk Finskog legesom det er vist, at de invandrende Finner hafde eine Name mcd, hvilke de endnu som Familie-Navne bærer . Det skulde vare*

4

interessant at faa optegnet de Familienavne, som endnu existerer paa Skogen, og faa dem ordentlig bestemte efter deres Afstamning... Kunde De give mig Anvisning, hvor jeg skulde finde enten paa Kart eller i Böger Underretning om dene Navne, gjorde De mig en stor Tjenste Overalt paa Finskoven taler man med Veneration og Taknemmelighed om Dem. &c. &c. I ett sednare bref, dateradt Fredrikahald den 24:de Juni nyssnämnde år, skrifver han bland annat: *Med Taknemmelighed emodtog jeg Deres Brev af 4 dennes, og med end mere Taknemmelighed för den Artighed De beviste mig ved at sende Deres Böger. Deraf ser jeg, at De har gjennemgaaet adskilligt i Verden, men at De som en sand Videnskabsmand ikke har forsaget, men kiæmper til det Sidste og vinder. De er den eneste Mand i Verden, som kan klare de Spörgsmaal, jeg omhandlede i mit forriqe Brev. Jeg önskede ingen Ting hellere end at faa paa Tryk udgiven den „Læsning för Finnar p. 404, n:o 8 nævnte Bog, men selv er jeg inte i Stand til at iværksætte Trykningen. Jeg har skrevet til Daa, Prof vid Universitetet herom. Ligesaa gierne skulde jeg se n:o 5 og 6 publicerede, men nervus rerum mangler mig som Dem. Saadanne vigtige Ting burde ikke gaa tabt for Videnskaben,* o. s. v. I ett tredje bref, dateradt den 6 Maj 1872, nämner han ytterligare härom, och frågar: *Skulde Her Lektoren ikke kunne publicere Deres Udarbeidelser om Finnerne paa Finskogen i Solör? Jeg imödeser dem med længsel. Det vilde vare et Tab for Historien, om de ikke kan blive tilgiængelige. For min Person er det blot for Navnenes Forklaring om at giöre; men for Historien og dens Ferökare er de endda vigtigere. Jeg er vis paa at de vilde faa Afsætning i de tre nordiske Lande..*

Äfven af en annan Norrman, vid namn O. Quale, och som säger sig vara Folkskolelärare, hade jag bref angående samma sak, dateradt Kongsvinger og Grue den 23 Augusti 1871, så lydande: *Hr Lektoren C. A. Gottlund! Pekka Karvainen förtæller at han vil skrive til Dem, og giver han mig Lov at sende nogle Ord med det samme, at og jeg kunde maaske faa den ære at blive kjendt med Dem. Jeg er og har i flere Aar været Lærer iblandt Finnerne, og altid har jeg hört Dem omtale som den, der har arbeidet for Finnernes virkelige Vel, ja udelt Agtelse har De vundet her, og derfor er det, at flere "Brödre" her have bedt mig skrive til Dem med Bön om at faa hidsendt efter conto skrifter, hvilke De skal have skrevet: "Handlingar, uplysande angaaende de Svenska og Norska Finskogarne". "Forteckning öfver de Finske Slægtnavne". "Förteckning over de Norske Finskoger med Oversigt og Vandringer ören 1821 og 1822 genom Finskogarne". Hvis Skrifterne ere trykte bedes hidsendt nogle Exemplarer, og hvis de endnu haves i Manuskript, skulle vi gjerne besörge dem tryckte, (her er Trykkefrihed). Finnerne her tillige med mig nære sikkert Haab om at faa denne Bön opfyldt. Jeg maa og fremsende en hjertelig Tak for al Deres Godhed mod Finnerne. og omtale, at vi gjerne ville betale Omkostningerne af ovenmældte Skrifters Sendelse, m. m.*

Jag har härmed endast velat antyda, och påpeka, sanningen af hvad jag ofta sagt. Nemligen att min litterära verksamhet är mera känd, och mera hyllad utomlands, än inom eget land. Att Finnarne i Skandinavien älska och högakta mig, är allsicke underligt; och det så mycket mer, som de numera sakna mig. Engång, då jag icke mera är till, skall folket kanske äfven här i landet (om också icke förr) få ögonen opp; dock — — för sent! Ty de hafva ännu icke uppfattat sanningen af det Finska ordstäfvet —

jok' ei otak soatuansa, se ei soak tarvittaissa.

6

Af finska fornminnen finnes ingenting så vigtigt och betecknande, med afseende å sin ålder, som sjelfva de genuint finska slägtnamnen, sådane de ännu i dag anträffas synnerligen i Savolax [3]); hvilket vi härmedelst, med en liten vink, vilja gifva ej blott det Finska Litteratursällskapet, utan äfven det hos oss nyligen stiftade Fornminnessällskapet tillkänna, och det så mycket mer som dessa sällskaper derom (liksom om mycket annat) icke ena tyckes äga någon aning; emedan dessa minnen — enligt hvad vi längre fram bevisligen skola utreda — förskrifva sig från tider som sträcka sig snart sagdt till det oändliga, och hvilka föregå, och ligga utom sjelfva historiens områden. Ty Historien, hurulångt den än må sträcka sig angående menniskoslägtets annaler, är dock — näst sagan och myten — såsom sådan, ett af de yngre barnen inom vetenskapernas områden. Ty långt förr än Historien första gången slog sitt öga opp, hade redan menskligheten på jorden

---

[3] Så beskaffade namn förekomma äfven ej blott öfverallt i hela Karelen. der dock redan sammansatta ocb sentida bildade slägt~ namn börja visa sig. som t. ex. *Taivalanti. Walkeapeä* m. fl. utan anträffas de äfven i Norra Österbotten, och strövis äfven i Tavastland och andra af landets provinser. der Savolaxare och Karelare antingen fordomdags nedsatt sig, eller i sednare tider dit inflyttat liksom de än i dag allmänt begagnas å de Svenska och Norrska Finnskogarne.

existerat, och det troligen ej blott i flere tusen år, utan hade vårt slägte äfven dessförinnan framskridit i vetenskaplig bildning och kultur; ehuru dessa dess idrotter, i detta afseende, höra till den antehistoriska tiden, och således numera icke finnas någorstädes upptecknade. Så t.ex. då en sådan man som Moses redan kunde framstå åtminstone 1530 år före vår tideräkning, så behöfves i detta afseende icke större bevis på graden af den höga bildning och kultur, så i vetenskap som konst, hvilken menniskoslägtet redan innehade både på och före hans tid en vigtig omständighet, hvarvid vi här vilja fästa läsarens synnerliga uppmärksamhet. I andra sidan undgår det troligen ingen, att om än vissa folkslag, och vissa namn, länge fortlefvat i verlden, och sålunda räkna en hög ålder, så finnes det deremot åter andra som för sin tillvaro räkna en ganska kort period; isynnerhet gäller detta, med få undantag, särdeles om dem, hvilka med afseende å sjelfva namnet mer eller mindre varit förändring underkastade.

Så t.ex. är ordet och folknamnet *Lapp,* äfven här i norden, icke kändt förr än från och med år 1177, då Saxo Grammaticus, vid det han började skrifva sin Danska Historia, första gången omnämnde detta namn. Ingen torde dock derföre vilja påstå det ej Lapparne redan före den tiden funnos här i landet. De uppträdde nemligen de första tiderna under diverse andra och främmandeslags namn och benämningar, såsom t.ex. dvergar, troll, Finnar, m.m. [4]) Likaså är förhållandet med folknamnet *Finne.* Det framträder först i Historien, genom Tacitus, som

---

[4] Lapparne äro ännu i denna dag icke kände af Norrmännen under något annat namn än Finnar; och för att i detta afseende kunna sårskilja dem ifrån oss, benämna de oss "rågfinnar", d. v. s. Finnar hvilka idka åkerbruk.

8

ännu lefde några och 90 år e. Chr. och som i sin skrift *de situ, moribus, et populis Germaniae* första gången ätten omnämner detta folk; men ingen må derföre tro det ej Finnar funnos till redan långt före hans tid, ehuru kände kanske under något annat namn.

Hvad nu de af oss härvid sednast anförda namn vidkommer, så äro de, enligt hvad enhvar lätt finner — hvarken Lappska eller Finska; utan äro de oss gifna utifrån, af främmande nationer — troligtvis i okunnighet om våra rätta folknamn; i hvilket fall de äro att anses mera såsom binamn, eller ett slags öknamn dock utan afsigt att dermed beskymfa oss. Hvad deremot vårt genuina finska namn beträffar (nemligen, *Suomi, suomalainen,* liksom Lapparnes — *Same, sabmelats)* så hafva vi redan för mera än 50 år sedan bevisat att det, i historiskt afseende, sträcker sig till en vida högre ålder.[5]) Dock måste äfven det, liksom allt annat, under tidernas lopp, försvinna i ett dunkelt fjerran.

Efter dessa korta föregående reflexioner, skola vi vid fråga om de Savolaxska och Karelska familje- eller slägtnamnen ej blott utveckla nya, och likaså egna och måhända intressanta åsigter, som i fornforskningsväg högst öfverraskande rcsultater; angående hvilka hvad deras ålder beträffar troligen intet folkslag kan jemföra sig med oss Finnar. Vi hafva redan förut dels med afseende å sjelfva språkbyggnaden, [6]) dels ock med afseende å folkets forntida ej mindre historiskt moraliska än verldsfilosofiska ståndpunkt[7]) (och hvartill äfven dessutom

---

[5] Jemf. *Försök att förklara Taciti omdömen öfver Finnarne,* sidd. 120, 117, 118.

[6] Jemf. *loc. cit.* p. V—XVI, och *Forskningar i sjelfva grundelementerna af Finska språkets grammatik.*

[7] Jemf. 1. c. p. XXI, XXII och *Otava* 1 D. p. 13—183.

slutligen kommer några historiska folkberättelser[8]) mer än en gång sökt bevisa att det finska folket, ehuru kändt under något annat namn, icke blott räknar i historiskt afseende en märkvärdig hög ålder, utan måste fordom äfven hafva innehaft, i intellektuelt afseende, — en högre ståndpunkt, d. v. s. en mera hög grad af bildning. Detta låter visserligen kanske något löjligt, och synes mången kanske nog paradoxt isynnerhet i Svenskarnes, eller i d. s. k. Svecomanernas öron; men den skrattar bäst, som skrattar sist, och — "ändan krönar verket", som det påstås, eller som Finnarne säga *lopussa kiitos seisoo*. Emellertid torde historien förete flere än ett exempel på forntida stundom kanske eminenta och intelligenta folkslag, som på sin tid spelat en stor roll ej blott i verldshistomien, utan äfven i den antehistoriska tiden; men som sedermera småningom bortdomnat, och försjunkit, ja stundom spårlöst försvunnit.

Hvad nu särskildt de Savolaxska slägt- eller familjenamnena vidkommer, så är medan sjelfva detta faktum — att de nemligen äga såbeskaffade ursprungligen gamla, och genuint flnska, familjenamn redan ensamt, fömtjent af mycken uppmärksamhet; ty det torde i detta fall finnas få såbeskaffade exempel att framvisa, der inom hela landet icke finnes en enda menniska, som ej är försedd med ett urgammalt, allmänt kändt, och ej mindre under flere generationer, än uti flere sekler — fortlöpande familjenamn. Dessutom äro dessa namn, i flere afseenden, ganska karakteristiska, och det ej mindre till formen än till innehållet. I förra fallet utgöras de, nästan utan undantag, af såkallade *nomina diminutiva,* d. v. s. med afseende å sitt ursprung af små smekord, hvilka, under begreppet af "liten", uttrycka tillika ett slags kärleks- och vänskapsförhållande,

---

[8] Jemf. t.ex. l. c. p. 51, m. fl. st.

10

(man skulle i anledning häraf kunna antaga att de redan tidigt blifvit tilldelta, enhvar, i dess barnaår). De sluta sig derföre vanligtvis alltid med den diminutiva ändelsestafvelsen *nen*, t.ex. *Kiiskinen* (lill-girsen) af *kiiski* (girs), *Kanainen* (lill-tippan) af *kana* (höna), *Laulainen* (lill-sångaren) af *laulan* (jag sjunger) o. s. v. Med ett ord sagdt hvilket ord som helst (substantiva såväl som adjektiva, verba såväl som partiklar) kunna sålunda i finskan bilda ett slägtnamn, blott det försättes i diminutivus, d. v. s. endast det lyktar sig medelst slutstafvelsen *nen*.[9]) Följden häraf blir naturligtvis att det finnes ett oräkneligt antal såbeskaffade finska tillnamn, vida mera än hvad det i Almanackan finnas såkallade förnamn, eller kristningsnamn ja det kan finnas flere tusental, eller nära nog lika många som det i språket finnes stamord. Hvad särskildt åter betydelsen eller innehållet af dessa slags namn beträffar, så innefatta de enkla naturbegrepp; och äro således icke af tvenne ord, eller af tvenne begrepp sammansatta, såsom t.ex. de Svenska namnen Bergqvist, Lindström, m.fl. [10])

Redan denna enkla omständighet antyder, enligt vår tanke, — en högre ålder, eller påpekar en tid då konsten ännu icke

---

[9] Uti några trakter, särdeles i Karelen, gör man likväl den skillnad att manfolkets namn lyktar sig på *nen*, men qvinnornas deremot på *tar*. Så att om sonen, liksom fadren. t. ex. heter *Ikoinen*, heter dottern deremot *Ikotar;* ett ord uppkommet troligen förmedelst en sammangjutning af slägtnamnen med ordet tytär. (dotter). I stället för att säga *Ikoisen tytär*, säger man *Ikotar*. Såsom gift antager qvinnan icke gerna mannens slägtnamn, utan bibehåller vanligtvis sitt eget. D. v. s. sin faders familjenamn. Barnen deremot (gossar såväl som flickor) erhålla fadrens, icke modrens, slägtnamnn.

[10] Ett eller annat undantag tyckes dock någongång förekomma. troligen såsom en produkt från sednare tider, såsom t. ex. *Ikäheimonen,* och *Lappveteläinen, m.fl.*

kommit så långt som i vara dagar. En annan omständighet, som äfven bevisar att dessa namn icke äro gårdagens barn, är den — att de, under tidernas längd, stundom blifvit mer eller mindre, genom uttalet, förändrade, [11]) ja stundom till den grad vanställda, att det numera är omöjligt — att uppfatta, eller att gissa sig till — deras ursprungliga betydelse. [12]) hvad som dock kanske mer än allt annat intygar deras höga anor, är troligen det att de äldsta *Finska myter*, eller mytologiska namn, utmärka — åtminstone till formen, rena Savolaxska familjenamn. [13]) Af hvilka några till och med ännu förekomma i bruk bland allmogen [14]) en omständighet, hvilken, såsom sådan, är i sanning mycket betecknande; och som sällan torde förekomma bland andra nationer.

För att forska angående de Finska slägtnamnens anciennitet, hafva vi tvenne utvägar, att härvid följa, — antingen att begagna oss af inhemska källor och traditioner, eller att från främmande nationers och folkslags urkunder — uppsöka hvad

---

[11] Så t. ex. behöfves det ej mer än om blott en vokal litet skiftar i färg, t. ex. *Nopoinen* i stället för *Napainen,* eller om en konsonant, för välljudets skull, tillkommer, t. ex. *Wilhuinen* i stället för *Wiluinen,* för att göra ordet främmande. Större förvexlingar här att förtiga.

[12] T. ex. slägtnamnen *Hähme, Tyllynen,* m. fl. Orsaken härtill torde, bland annat, äfven stundom vara den, att sjelfva stamordet, hvarpå namnet grundar sig — redan hunnit dö ut, och från språket försvunnit; hvaraf naturligtvis bemärkelsen af det deraf deriverade diminutivum blir obegriplig.

[13] T.ex. namnen *Wäinämöinen, Ilmarinen, Joukkahainen Lemminkäinen,* m. fl. Några såbeskaffade exempel der de mytiska namnen qvadrera med de nutida vanliga, allmänt brukliga, torde man fåfängt söka ibland andra folkslag.

[14] T.ex. namnet *Hattarainen,* (ej olikt namnet *Hakkarainen).*

12

som deruti möjligen, i detta hänseende, kunde förekomma om
Finnarne. [15])

Hvad först de inhemska källorna vidkommer, så sträcka de
sig icke långt, och det så mycket mer som vi icke ens hafva
någon egen inhemsk historia att i detta fall anlita, eller åberopa,
med undantag af våra mytiska sånger; hvars "åldrar"
naturligtvis ingen känner, eller kan bedöma, och som således
för oss måste förblifva en hemlighet. Ibland Finska aktstycken
är det äldsta, hvilket vi i detta fall kunna åberopa, ifrån Savolax
— en afhandling, daterad den 20 Januari 1442 *(ipso die
Sanctorum-Martirum Fabiani et Sebastiani)* deruti Jockas
församlingsboer — hvilka då utgjorde kapellboar under Stor-
Savolax (eller S:t Michels socken) — förbundo sig att aflöna
egen prest, m. m. och hvilket dokument befinnes vara
undertecknadt, bland andra, af *Peder Utriainen*, Domare —
Ivan Partainen och *Anders Auvinen*, Ländsmän, — jemte 12
socknemän, ibland hvilka nämnas *Paval Andersson, Paval
Kiiskinen, Toivonen, Lauris Hyvärinen, Hannus Uskinen* och
Iwan Pitkäinen. [16]) Denna urkund är således mera än 400 år
gammal, och eget nog förekomma alla dessa finska slägtnamn
ännu fortlefvande inom församlingen, med undantag likväl af
slägtnamnet *Uskinen*, hvilket numera icke der, eller i närmaste
socknar, torde förekomma. [17]) Man ser emedlertid att dessa

---

[15] Detta hafva vi redan för 50 år sedan vidtagit i ett visst annat
afseende, nemligen med hänsigt till deras vidskepelser och trollerier, m.
m. (jemf. vår *Förklaring öfver Tacitus*).

[16] Jemf. *Åbo Tidningar* för 1784, n:o 49.

[17] Vi hafva derföre tvekat om icke med ifrågavarande namn
snarare borde förstås slägtnamnet *Huuskoinen*, helst Tidningens
redaktion i en undertecknad not tillägger: "Ett och annat af de här
förekommande namn, synes vara felaktigt; hvarutinnan kunnige män
ifrån den landsorten torde kunna meddela rättelse". Dock synes det

namn, som voro förenade med förnamnet, eller dopnamnet, den tiden åtminstone utgjorde sjelfva slägternas familjenamn. Hurulänge förhållandet varit sådant — är svårt att veta, eller att hur bestämma; dock blef det troligtvis fallet, om ej förr, så då de — vid antagandet af kristendomen, erhöllo ett nytt, och skildt, såkalladt förnamn Ty att sluta af de forntida numera i runorna förekommande mytiska namnen — der t. ex. *Wäinämöinen, Ilmarinen* och *Lieköinen*, m. fl. föreges hafva varit bröder, eller säges alla hafva varit *Kaves* eller *Kalevas* söner [18]) — finner man att dessa namn icke, åtminstone den tiden, utgjorde slägtnamn, utan tillkommo dem enhvar, enskildt, såsom ett nomen proprium, eller personale; d. v. s. såsom ett såkalladt eget och enskildt namn. Ty äfven om detta icke varit fallet (d. v. s. om de icke varit bröder) ser man likväl häraf, att det vid den tiden åtminstone, då dessa sånger diktades, måtte hafva öfverensstämt med det allmänna bruket, nemligen att hvart barn hade sitt olika finska namn, efter som det låtit realisera sig i tanken, — ja det var ju absolut nödvändigt, ty på något sätt skulle de väl särskiljas ifrån

---

verkligen som i Finland fordom funnits slägtnamnet *Uskinen* (*Uskoinen?*) och hvilket skönjes af socknenamnet *Uskela,* så framt ej detta namn är en slags sammansättning af orden *uusi kylä?*

[18] Kaleva, och hans söner (*Kalevanpojat*) måtte hafva spelat en stor roll, under forntidens mörker, inom den Finska befolkningen här i norden; ty deras storverk omtalas ej blott i de Finska myterna, och i Esternas *Kalevipoeg,* utan äfven Lapparne i Härjedalen veta än i dag mycket att förtälja om *Kalla,* och hans söner (jemf. *Läsning för* Finnar, 1 H. p. 379). Huruvida det Svenska förnamnet *Kalle* (Carolus) härifrån leder sin upprinnelse, lemna vi osagdt. Men annars är *Falla* ett lappskt ord, som (enligt Öhrlings lexikon) betyder en "hedersgubbe"; och måhända var det på grund häraf som en Jätte i Kemi socken, ännu i sednare tider bar namnet *Kalli*.

hvarandra. Och vi finna äfven, vid en djupare forskning, det förhållandet verkligen varit sådant, redan för flere tusen år tillbaka (hvarom längre fram).

Men, som sagdt, med ledning af våra egna inhemska källor — komma vi icke långt på den vägen; hvarföre vi lemna dem denna gång på båten. Så. mycket längre, och djupare in i forntiden, skola vi troligen derföre tränga oss — medelst anlitande, och studerande, af främmande folkslags historiska urkunder.

För än vi dock ingå på denna slags närmare undersökning angående de Finska slägtnamnen, anse vi nödigt att förutskicka några vigtiga, eller, som det oss synes, några nödvändiga anmärkningar. De Savolaxska familjenamnena ändas, eller sluta sig, som sagt, med högst få undantag [19]) — medelst stafvelsen *nen,* såsom karakteriserande den i dem inneboende diminutiva bemärkelsen, hvilken ingår i ordet. Men i dagligt tal (d. v. s. vid uttalet) händer det dock stundom (isynnerhet då man fjäskar, eller talar mera hastigt) att denna slutändelse i brådskan bertlemnas, eller rättare sagdt förkortas; så t.ex. heter det stundom *Paunoin* i stället för *Paunoinen, Hartikkain* i stället för *Hartikkainen, Puhakkain* i stället för *Puhakkainen,* o.s.v. Ja det sistnämnda redan sålunda stympade namnet förkortas stundom än ytterligare. Af sådan anledning anträffas t.ex. uti Kontiolax socken, i Karelen, slägtnamnet *Puhakka.* Nu

---

[19] Ibland såbeskaffade undantag må vi t. ex. här nämna familjenamnen *Hähme, Hotakka, Kavia, Kiukas, Kontio, Kuikka, Kurki, Mullikka, Porkka, Rimpi, Sorsa,* m. fl. hvilka torde vara inkomna från andra af landets provinser, eller ock uppstått förkortade (abbrevierade) och vanslägtade af klassiska Savolaxska familjenamn; och hvilket isynnerhet torde gälla om alla dem, som sluta sig på en vokal, t. ex, *Kontia,* af Kontiainen; *Mulli,* af Mullinen, o. s. v.

hör det likväl till saken, att lika svårt som Finnarne hafva att riktigt uppfatta, och rätt uttrycka, främmande namn [20] — lika svårt, och ännu vida svårare, synes till ex. Svenskarne (äfvensom andra utländningar) hafva haft att — enligt ljudlagarne, och enligt hörsel- och talorganerna — riktigt kunna uppfatta, ocla återgifva, de finska familjenamnen; och om det ändtligen någongång lyckas, så är det blott under deras abrupta form; ty vanligtvis rådbråkas de, och vantydas — oftast till den grad, att det är platt omöjligt att ens kunna gissa sig till deras rätta beskaffenhet. Man finner derföre t.ex. att Svenskarne, i synnerhet uti fordna tider, helt och hållet afstodo ifrån försöket att kunna utsäga dem; hvarföre de ock vanligtvis utlemnade dem helt och hållet, i det de endast begagnade sig af såkallade folkslagsnamn (nomina gentila) eller tilldelte de Finnarne nya, och svenska benämningar — någongång kanske lånade, och formerade af de finska [21] — möjligtvis äfven någongång på svenska verterade och öfversatta. [22]

---

[20] Jemf. *Försök att förklara de Finska stamordens uppkomst*, p. 51.

[21] Så t. ex. har det Finska familjenamnet *Tuppurainen*, hvilket förekommer på Glava Finnskogarne i Wermland, blifvit öfverallt på svenska uppfattadt, och återgifvet, med benämningen "Tupp", och likaså har slägtnamnet *Purkainen*, af Fernow, blifvit förvanskadt med "Burk", och Kokkoinen, med — "Kocken", o. s. v.

[22] Af de forntida Finnar tillagde namn, som förekomma i gamla Svenska folksagor, och hvilka, såsom sådane, vanligtvis äfven ingått vid början af den svenska Historien, finner man att nästan alla Finnarne sålunda tillegnade namn äro, till sitt ursprung, rent svenska, såsom t. ex. *Fornjother*, *Snö* den gamle, och hans dotter *Drifva*, *Froste*, m. fl. Men detta hindrar icke att de möjligen derjemte kunna vara en öfversättning af motsvarande finska benämningar; så t. ex. kan namnet "*Snö*" vara en version af det Finska namnet *Lumiainen*. Att ett så beskaffadt finskt slägtnamn fordomdags funnits i Sverige är åtminstone ganska säkert. Ty

16

En annan vida vigtigare, och ej mindre i historiskt än i etnografiskt afseende upplysande anmärkning, angående de Savolaxska familjenamnen, är den omständigheten att om t. ex. en Savolaxare nedsätter sig någonstädes i en ödemark, eller der upptager ett såkalladt nybyge (han må nu föröfrigt heta hvad som helst) så får alltid sjelfva stället, d. v. s. bostaden sitt namn efter honom, eller efter åbon (hvilket också är ganska naturligt). Har stället deremot redan förut ett visst bestämdt geografiskt eller topografiskt namn, så bibehåller det visserligen det oförändradt, då endast boningsplatsen får åboens. Med anledning häraf måste vi i allmänhet anmärka såsom någonting eget och karakteristikt, tillkommande det finska folket, att det med egna och finska namn — noga utmärker alla möjliga äfven mindre ställen, platser och lokaler;

---

då jag den 30 Juni 1817, genom ett schakt, nedsteg i Sala silfvergrufva — visades mig der en i sjelfva grufvan insprängd stor såkallad "ort" (utsprängd trakt) som än i dag kallas "Lumiainens ort". Sala grufva (hvars namns etymologiska ursprung redan de Finska orden *sala,* och *salo,* nog tydligt antyda) liksom Fahlu grufva, och flere andra gamla svenska grufvor, uppgifvas, enligt folktraditionen, hafva blifvit först af Finnar upptäckta; och troligen har en Finne, benämnd *Lumiainen,* äfven om än han icke varit sjelfva grufvans upptäckare, likväl dermed haft mycket att beställa, efter man — honom till heder, och såsom en tacksam minnesgärd — benämnt i grufvan en hel ort med hans namn. Så t. ex. kunde den äfven af Sturleson omtalta Finska Fursten *„Froste"* ursprungligen (på vårt språk) hafva hetat *Hallainen, Pakkainen, Kylmäinen, Wiluinen, Härmäinen, Huuhtinen* eller något dylikt, motsvarande ungefär det honom gifna svenska namnet. Hans dotter *Skialf,* sedermera gift med konung Agne (den hon om lifvet bragte) skulle sålunda komma att heta *Puistelotar, Wärisätär, Wapisetar Tutisetar.* Och prinsessan *Drifvas* rätta, och finska, namn skulle sålunda kunna vara *Kinotar, Hankitar, Nietotar,* eller något sådant.

och hvilket antyder en nog mycket spridd— eller specificerad lokalkännedom — så mycket mer anmärkningsvärd, som jag icke märkt någon sådan ibland den svenska allmogen. Så t. ex. om nu den första åbon heter Oinoinen, blir hans hemvist, eller gård, af de andra finnarne, d. v. s. af hans grannar och naboboar, alltid kallad Oinola (d. v. s. "Oinonens gård") ett ord troligen ursprungligen uppkommit genom en sammansättning eller, rättare sagdt, genom en sammanstöpning af familjens namn med ordet *talo* (gård) och utgör sålunda en förkortning af orden *Oinoisen talo:* På samma sätt t. ex. erhåller stället, der en *Räisäinen* först nedsatt sig, efter honom, namnet *Räisälä.* *) Men ej nog dermed! Om nu den första åboen t. ex. dör, eller säljer sin lägenhet åt en annnan, och sjelf flyttar bort, d. v. s. om en, eller ock flere främmande slägter sålunda blir ägare deraf — bibehåller likväl stället alltid, oförändradt, sitt ursprungliga namn, till ett tacksamt minne af den som från en vildmark allraförst upprödjade, bebyggde, och uppodlade stället. [23]) Detta är i det hela någonting ganska vacket, och ej

---

*) I andra landsorter (t. ex. i Tavastland) får boningsplatsen (d. v. s. gården, etter hemmannet; men icke byn) sitt namn äfven efter förnamnet, med tillägg af lokaländelsen *la*, t. ex. *Mikkola, Mattila, Ollila*, o. s. v. hvarmed här menas — *Mikon talo, Matin talo och Ollin talo*.

[23] Ett annat, och ett rakt motsatt, förhållande — äger rum i åtskilliga andra finska landsorter, i så måtte att stället får namn ej af sin framfarna ägare, utan af sin nulefvande husbonde (?) t. ex. heter han Hindrik, får gården heta *Heikkilä*, och heter han t. ex, Lars, får den heta *Lassila* eller *Laurila*, o. s. v. Man finner snart hvilken oreda deraf måste uppstå med afseende å de enskildta gårdarnes namn, hvilket sålunda, under olika tider, kan variera nära nog till oändlighet (?) I andra landsorter äger åter; ett annat, och ett ännu vida sämre förhållande rum; i thy att der hafva visserligen de skilda hemmanena, eller gårdarne, ett beständigt och stadigvarande namn; hvaremot befolkningen deremot, i

blott nationen hedrande och värdigt, utan äfven i historiskt afseende — mycket upplysande. Och ej dermed nog! Om t.ex. af det lilla torpet, eller nybygget, medelst nedlagdt arbete, och verkställda uppodligar, småningom — och med tiden — uppstår en gård, eller ett hemman, får äfven hemmanet samma namn som torpet; och om af hemmanet — genom hemmansklyfningar, sedermera småningom uppstår flere hemman, eller en hel by — erhåller äfven byn samma namn.

---

brist och i saknad af egna familjenamn, antager sig, såsom sådant, namnet af den gård man äger och bebor. Man kan lätt gissa hvilket trassel, och hvilken oreda deraf måste uppstå. Detta bruk, som tyckes vara mera allmänt i en del af Tavastland, Åbolän och Österbotten, medför att en och samma person kan småningom, och under olika tider, erhålla 10 olika tillnamn, såvida han nemligen bott på, och varit ägare af, 10 olika ställen (— tag sedan reda på honom om du kan?) samt derigenom kommit att, åtminstone till namnet, liksom beslägtas med 10 andra, och främmande familjer, med hvilka han föröfrigt har ingenting gemensamt. I Nyland åter, der bruket är, liksom i Sverige och Ryssland, att i stället för ett såkalladt slägtnamn — åberopa, och begagna, fadrens dopnamn, blir följden åter den, att redan farfadren och sonsonen tyckas vara skilda till slägten, emedan dem emellan icke finnes någonting gemensamt, som kunde förena dem; hvaremot oskyldige personer, genom erhållande af samma namn, tyckas liksom blifva med hvarandra närmare beslägtade; och hvarmedelst, om ej all möjlighet är betagen — likväl stor svårighet måste uppstå, att troget kunna följa stägtleder, och genealogier. Savolaxarens slägtnamn deremot blir alltid oförändradt, han må hafva till Far — Pehr, eller Påhl; han må bo — i Åbo, eller i Torneå. Och likväl hörde jag i min ungdom omtalas det någon på högvederbörlig ort framkommit med det kloka förslaget att alla dessa gamla Finska slägtnamn borde afhysas, och i stället införas de paternela; ett förslag lika klokt, och välbetänkt, som månget annat, t. ex. som det (hvilket påstås en gång hafva blifvit den Svenska regeringen proponeradt) att omintetgöra det finska språket.

Och om nu af byn slutligen bildas en församling, eller socken, derigenom att en kyrka uppföres antingen i byn eller dess närmaste granskap, eller ock om deraf med tiden uppstår, en stad, eller köping, så får staden, såväl som församlingen, dekorera sig med samma d. v. s. mned den första åboens slägtnamn. [24])

Sålunda kan man i synnerhet i Savolax, men också på många andra ställen i Finland, redan af de lokala ortnamnen, — och utan att rådfråga andra, eller utan att behöfva anlita, eller eftersöka, några historiska och statiska källor, efterrättelser och upplysningar — genast erfara namnet åtminstone på den, som först upprödjat, anlagt och bebyggt stället. — En vigtig omständighet, som vi framdeles närmare torde få återhemta. Med en såbeskaffad ledtråd skulle hvarje fornforskare kunna hafva ett stort och vidlyftigt fält för sin verksamhet, vid att experimentera och undersöka, med anledning af de såkallade folkvandringarne, äfvensom med hänsyn till d. s. k. landeröfringarne, om icke (hvad Finnarne t. ex. angår) — till

---

[24] Bland såbeskaffade socknar och kapeller i Finland, hvilka fått sitt namn af tillnamnet, eller (då det saknats) af förnamnet, eller af binamnet — tyckas vara t. ex. *Anjala, Asikkala, Askola, Berttula, Birkkala, Brunkala, Bräkylä, Frantsila, Gestilä, Hattula, Hartola, Hiitola, Hollola, Humppila, Ilmola, Jaala, Janakkala, Jomala, Kalvola, Karjala, Karstula, Karttula, Kaukola, Kiikala, Kittilä, Kulsiala, Laihela, Laittiala, Lempälä, Minkilä, Munsala, Mäntsäla, Nakkila, Nastola, Orimattila, Paavola, Parikkala. Pesula, Piipola, Pulkkila, Pukkila, Pusula, Puumala, Porkkala, Ruskiala, Räsilä, Sakkola, Sastmola, Sippola, Sortavala, Tammela, Tenala, Tennilä, Tervola, Turtola, Untamala, Urdiala, Uskela, Walkeala, Wampula, Wiljakkala, Wintala,* — att sluta af dessa, synes det som den Savolaxska eller Karelska befolkningen fordom varit om ej mera utbredd, så likväl mera kringströdd i landet. Af finska städer, hvilka leda sitt namn från sammaslags ursprung, äro t. ex. *Heinola*, och *Kokkola*, m. fl.

20

följd af hvad som tillförene blifvit nämndt — såväl Svenskarne, å sin sida, som Ryssarne, å sin, gjort allt hvad de möjligen kunnat, för att utplåna de Finska benämningarne, medelst att ersätta dem med nya, och andra, antingen med svenska eller ryska namn. [25]) Eget nog, tyckas namnen på vattendragen — stora sjöar, och strömmar — längst hafva bibehållit spåren af sitt finska ursprung, så t. ex. (i Sverige) sjöarne *Mälaren, Vettern, Venern, Kymmen,* m. fl. (i Ryssland) *Kama, Kemm, Volga,* m. fl. antyda liksom floderna *Kemi, Kymi,* och *Kuumo* i Finland — mer än tydligt språket hvarifrån dessa namn förskrifva sig. Annars är det anmärkningsvärdt, att liksom många af de forntida, sagolika, folknamnen — vid en stigande upplysning — dragit sig med tiden allt mera undan, och högre upp emot norden, så synes detsamma äfven hafva varit fallet med åtskilliga af de gamla Flodnamnen. Så t. ex. kommer man från *Don* (de gamles *Tanais*) som faller ut i Maeotiska sjön — till *Donau (Danubius)* som faller ut i Svarta hafvet. Derifrån kommer man vidare till *Dyna,* som vid Riga

---

[25] Vi hafva så mycket mindre skäl att häröfver förundra oss —än mindre att beklaga oss — som vi sjelfve förfarit alldeles på samma sätt. Hafva vi icke (såväl Herremän som bönder) bortkastat våra fordna, och vackra, genuint finska familjenamn, och utbytt dem emot andra, ofta rätt fula, svenska eller ryska? Såsom en parodi öfver denna vår dårskap, och för att karikera detta vårt beteende, införde jag i 2:dra häftet af mina "Runoilemisia", under n:o 19 en satirisk öfversättning af Fredmans Sång n:o 1, deri jag på att ironiskt och satiriskt sätt, afslöjade dettaslags beteende. 1 sednare åren har att motsatt, men derföre ett icke mindre löjligt förhållande ägt rum, i det åtskilliga personer, bland Herremannaklassen, — bortlagt sina rätta svenska, och antagit sig nya, finska, namn. Något som en man med förstånd, enligt den finska bondens mening — likväl aldrig borde göra. Ty säger han:
Et nimi miestä pahennok, ell'ei mies nimensäk,

utfaller i *Östersjön*, och så — till *Dvina*, somn utmymtnar i Hvita hafvet, och slutligen — till *Tana* elf, som utgjuter sitt vatten i Ishafvet. Namnen tyckas alla vara nära beslägtade med hvarandra, eller utgöra ursprungligen ett och samma ord, ehuru olika uttaladt. [26])

Om vi nu, efter att hafva förutsändt dessa anmärkningar — börja med de Skadinaviska historietecknarne, så finna vi att Isländaren Sturleson, som af alla torde vara den äldsta (född 1179) väl på många ställen talar om Finnar, såväl om män som qvinnor, dem han alla betecknar såsom beryktade för sin trollkonst, och dem han alla äfven tillägger om ej alltid skandinaviska, så åtminstone svenska namn. Blott en enda gång undgick det honom, olyckligtvis; och sålunda kom det genuint finska familjenamnet händelsevis att skymta fram, och blifva synligt. Det var då han beskref trollkarlen *Evind Kelda* (dräpt år 998). Samma öde träffade äfven dennes far, Ragnvald Rättilben, (också en arg trollkarl). Denna *Kelda* var annars, på fäderne, en sonson till Norrska Konungen Harald Hårfager, och på möderne till dennes gemål, den beryktade finnen Swases dotter, den sköna Snöfrid; vid hvars död, det heter att kungen dref sina fyra med henne aflade söner, jemte Finnarne, ifrån sig. Redan af detta drag märker man att hennes barna-barn sympatiserade med mormodrens slägtingar, eller med Finnarne, och hyllade deras plägseder och åsigter. Detta skönjes ännu mera af denne Evind Keldas uppförande. Namnet utvisar redan att han, såsom litet barn, troligen blifvit kristnad (och i dopet blifvit kallad *Evind)* men hela hans lefverne utvisar sedermera att han, såsom större, icke blott bibehöll sitt, troligen på

---

[26] Huruvida det svenska ordet *dyning*, eller det till sin bemärkelse motsatta finska ordet *tyyni*, härmed står i någonslags beröring, eller derifrån leder sin upprinnelse — vilja vi nu icke här afgöra.

möderne ärfda, finska slägtnamn *Kelda,* eller *Kelta* (en förkortning af namnet *Keltainen)* och hvilket således varit finnen Svases rätta och finska familjenamn, utan bevisade han, genom hela sitt uppförande föröfrigt, det han till kropp och själ, som man säger, eller till öfverdrift var hängifven de finska trollkonsterna. Ty Sturleson säger om honom, att då Kelda undergick torturen, för det han icke lät döpa sig, [27]) bekände han i sin dödsstund: *jag kan ingen döpelse få, ty jag är en ande, uti menniskolekamen, qvicknader igenom Finnarnes trollkonster; ty de som kallade sig min fader och moder, fingo inga barn tillsammans — och dermed dog Evind, och hade han varit den argaste, Trollkarl i norden."* [28]).

Hos en annan forntida Norrsk författare, benämnd Peder Clausson, läser man, ibland annat (enligt en öfversätttning från

---

[27] Man ser häraf att det var fråga således om att döpa honom andra gången. Till upplysning häraf förtjenar nämnas, att bruket äfven hos hedningarne var (enligt Sturleson) att medelst öfvergjutande af vatten döpas, hvarvid något namn erhölls. Detta skedde icke blott engång i lifstiden, utan stundom flere gånger, t. ex. efter någon öfvergången stor sjukdom (i hvilket fall man således imiterade Judarne). Och liksom de kristne nitätskade att omdöpa hedningar, så bemödade sig ock desse att (då det lät sig göra) omdöpa de kristne. Det är således troligt att om namnet *Kelta* icke ursprungligen var ett slägtnamn — att det blifvit, vid ett såbeskaffadt dop, möjligen gifvit Evind, såsom ett personelt namn. Hvad som emellertid är säkert, är att det Finska släglnamnet *Kelta* ännu på 1600 talet fortfor ej blott att existera, utan hvad mera är — att florera på de Norrska och Wermländska Finnskogarne. Det hos oss ännu existerande herremanna-familjenamnet *Keldan* torde måhända härmed stå i någotslags sammanhang.

[28] Jemf. *Förkl. öfver Tacitus,* sid. 48. Blifva vi i tillfälle att (såsom vi önska) från trycket utgifva en "Förteckning öfver dessa i Sverige och Norrige varande Finska familjer, med olika slägtnamn" — komma vi troligen äfven att mera tala om denna *Kelta*-slägt.

samme Sturleson) om Konung Erik Blodyxa, att då han kom till finnmarken "funde hands" mend en deilig jomfru paa en öe udi en findgam" (finnkoja); hun kallede sig Gunnild for dennem, [29] "oc sagde — min Fader boer paa Halogaland oc heder *Ozor Huide;* hand sende mig tu *Motle* Finnekonning att "lære Finnokonst," m. m. Enligt denna urkund fanns det således i Finnmarken en konung, som hette *Motle*. Att detta namn hvarken är svenskt, eller Finskt — inser hvar. Detta hindrar dock icke att det (liksom månget annat) kan vara ett rådbråkadt Finskt namn. Vi hafva redan för närmare 50 år sedan äfven sökt deschiffrera det, och dervid hemställt om det ej möjligen skall betyda *Muttilainen* (förkortadt Muittilain) ett finskt familjenanin, som anträffas i Jockas socken, m. fl. st. [30]

---

[29] Med denna *Gunhild*, som var en Furstedotter från Halogaland (det nuvarnadc Hadcland) gifte sig sedermera konung Erik Blodyxa (omkring år 920?), och bevisade hon nog, det, hon icke så illa varit sänd i lära — enär hon, på grund af sina handlingar, rubricerades såsom en "arg trollkona". Hvad åter detta fordna Halogaland beträffar, så stod det den tiden ofta i nära beröring med Finnmarken i anledning hvaraf vi supponera att der måtte hafva förefunnits flere Finska elementer — ja måhända var en del af befolkningen Finnar (ty sådane funnos den tiden spridda nästan öfverallt i landet). I hvilket fall äfven *Huide* sjelf kunnat tillhöra det Finska familjenamnet *Huittinen*. Åtminstone förefaller det oss högst osannolikt, ja otänkbart, att en Norrsk eller en Svensk konungafamilj skullo sända sin unga dotter upp till Finnmarken, till en främmande folkstam — endast för att lära sig trolla (mcd mindre hon icke nemligen var nära i skyldskap med *Motle*, sjelfva konungen derstädes.

[30] Jemf. *Förkl. öfver Tacitus,* sid. 52. Messenius, som uppger det Motle lefvat omkring 818, och biträdt Biarmarne i kriget emot Danska konungen Ragnar, rådbråkar hans namn på latin till *Matullus,* (hvilket bevisar huru främmande namn behandlas). Härom heter det (i Scand. Illustr. X. p. 3) *circa DCCCXVIII Matullus, Finlandiae regulus, opem*

24

Äfven omtalas en annan finsk Konung, vid namn *Faravid* (kanske *Vaarainen*). Och likaså månne icke den famösa trollkonan *Hulds* namn innebär en antydning af det finska ordet *hullu* (galen, förryckt). Och om *Gylfe* varit en Finsk Konung — månne icke möjligen hans rätta, och finska, namn kunnat vara Kylvöinen? Dessutom omtalas i Svenska Historien en forntida Konung i Finland benämnd *Sumle* (jemf. Schönström sid. 17). Såsom finne var hans rätta namn troligtvis *Suomalainen*, ett allmänt finskt familjenamn än i denna dag. [31]) Vi medge visserligen att alla dessa traditioner liksom mycket och mångt annat — hör till sagornas verld. Men sagan, såsom saga, ingår ofta i Historien; och den motsäger åtminstone icke, utan tvärtom öfverensstämmer med den allmänna folktron, som bildar opinionen; hvilken, såsom sådan, rättar sig efter förhandenvarande förhållanden.

Vid det vi nu här sysselsatt oss med att antyda de finska namn, hvilka ingått i den svenska forntida historien, böra vi kanske, i sammanhang härmed — icke förgäta sjelfva det gamla svenska gudanamnet Thor, hvilket tyckes innebära, och vittna, om sin ursprungliga finska upprinnelse. Enligt hvad vi redan för mer än 20 år sedan upplyst (i skriften "Jumalasta" &c. sid. 16 ff.) heter Gud på flere af de i Ryssland boende finnbeslägtade folkens språk *Tora*; t.ex. på Tshuvaschiska,

---

ferens Biarmis, adversus Regnerum Danum, primo fit victor, dein victus, fuga sibi consulit.

[31] Mången skall kanske le åt dessa jemte andra af våra i hastigheten här framställde ordförklaringar; men - var så god och gif oss några andra, bättre, och vi skola med tacksamhet emottaga dem. Annars är det nog karakteristiskt att man sökt beteckna finska personager med sådane namn som *Snö, Frost, Drifva, Snöfrid, Skjalf*, m. fl.

Tôrom, Toróm, Tarom och *Tarm,* på Voguliska och på Ostiakiska *Tórom, Torm* (se "Jumalasta &c. s. 17) och likaså kallades (enligt Schönström) Gud till *Thor,* af de fordna Partherna i Buchariet. Äfven benämnde de fordna hedniska Esterna sin högsta Gud *Thara,* eller *Tara.* 1 finskan förekommer visserligen också ordet *tora,* men det har här öfvergått till en helt annan betydelse, betecknande t. ex. Guds vrede. Så t. ex. då åskan går heter det på finska *ukko toruu* (efter orden: "gubben bannar eller grälar," d. v. s. mulrar, eller bullrar). I anledning häraf hafva vi redan förut engång hemställt huruvida icke Svenskarnes såväl *"Auka-Thor"* som,, *Åke-Thor"* endast är en omskrifning, eller imitation, af Finnarnes *Ukko toruu,* och det såmycket mer som ingenstädes omtalas det Thor brukat åka; liksom deras ,,*Asa Thor,"* eller *Åsa Thor,* torde af samma skäl härleda sig från Finnarnes talesätt, då de i enahanda betydelse säga — *Isä toruu.* (Jemf. "Finska stamordens uppkomst" sid. 27.) Ty att Thor äfven på Svenska ursprungligen måtte hafva afsett åskan, finner man deraf att t. ex. åskan äfven på svenska kallas thordön, och att d. s. k. *Thorviggarne* tros, med blixten, hafva nedfallit från himmelen, då åskan går. flven på Feniciskan heter åskan *Thorum;* och *Thor, Thur* eller *Thurra* på Assyriska betyder ungefär detsamma, d. v. s. den "allsmäktige". På Lappska heter åskan likaså *Turat;* till och med i Grönländskan återfinner man ännu denna primitiva bemärkelse i ordet *Tornak.*

Med anledning häraf, kunde ju någon ställa till oss den frågan: *Nå huru hafva då vi Finnar, sjelfve, begått oss, med afseende å dessa våra uråldriga — från fordna tider redan förvärfvade — slägtnamn?* Jo först i början, eller i de äldsta tiderna, begagnades de ofta nog — äfven oförändrade, inom Herremannaklassen; ty, tänkte man — *ei nimi miestä pahennak, ell'ei mies nimensäk.* Men småningom, och allt efter

26

det som det Finska språket (och dermed äfven sjelfva det Finska folket) föraktades, i jemförelse med det Svenska — ansågos, och betraktades, äfven de gamla ursprungligen Finska *Slägtnamnen* med samma förakt, hvarmed man betraktade såväl folket som språket. Följden häraf blef att enhvar, som möjligen dertill aldrig så litet blef i tillfälle — d. v. s. hvarje husjungfru, betjent, och sockne-handtverkare, m. fl. (Äfven som hvar och en som lärt sig litet svenska) skyndade sig att, så fort som möjligt — aflägga, eller att utbyta sitt Finska familjenamn — emot ett annat svenskt, om än aldrig så befängdt, och miserabelt; hvarmedelst man, från den simpla bondehopen, eller från gemeneman — redan trodde sig hafva svingat sig upp till ståndspersonsklassen. Derföre när t. ex. en finn-gosse inskrefs i skolan — blef Lärarens första omsorg att rödja undan hans finska namn, och gifva honom ett annat Svenskt — hvilket som helst, på det det förra icke måtte stå hononi i vägen, vid hans framtida befordran å dess såkallade "tjenstebana". Ofta ansåg man sig likväl härvid hafva uppfyllt allan rätt— färdighet — eller mången som åtminstone ville förvara ett minne af det gamla, trodde sig i så måtto hafva gjort nog — om han helst gaf det Finska namnet — en svensk ändelseform. Detta kunde naturligtvis ske på flerfaldigt sätt, hvarvid man hade afseende än på gården, byn eller socknen, hvarifrån den arma syndaren förskref sig, än ock på det gamla familjenamnet, som såtunda nu skulle rentvättas från sina synder. *)

---

*) Sålunda kan man af det nybakade Svenska namnet gissa sig till det urgamla Finska. T. ex. af de Finska namnen Koskinen, Häkkinen, och Hihtinen uppstodo nu de Svenska *Koskman, Häckman* och *Huchtman*. På samma sätt t. ex. af de Finska namnen *Häyrinen, Waltoinen, Hyttinen* och *Montoinen* förskrifva sig nu de Svenska namnen *Häyrén, Waldén, Hytteen,* och *Mondén*.

Andra namn finge deremot slutändelsen *"der"*, t. ex. *Akiander* (af Akkainen) — *Kiljander* (af Kiljuinen) — *Tiander* (af Tiainen) — Ticcander (af Tikkainen) — Polviander (af Polviainen), — slägtnamnen Mullander och Mullovius (af Mulli). Några namn afse härvid (i brist på ett visst slägtnamn) sjelfva födelse orten. Så t. ex. utmärka hvardera slägtnamnen *Hattulander* och *Hattulanius*, att de ursprungligen hvardera äro hemma från Hattula socken — af samma skål förskrifva sig slägterna *Corpolander, Korpaeus,* och *Korpenius* (från Korpo socken) — *Laihiander* och *Laihelius* (från Laihela). Sålunda utbyttes nu det Finska namnet Ilvoinen (emot det svenska *Ilvan*) och Poajainen (emot *Pajan* och *Pajanæus*). Ty alla som bara önskade att, med tiden, få sig en prostkrage, vore isynnorhet angelägna att få sig ett namn som slutades med den latinska ändelsen, "us"; och hvilket, såsom sådant, åtminstone bevisade att *persona quaestionis* hade insupit litet latin. På sådant sätt uppstodo nu t. ex. namnen *Pardanus* (af Partainen) — *Korhonius* (af Korhoinen) — *Pesonius* (af Pesoinen) — *Peuronius* (af Peurainen) — *Raicchæus* (af Rahikkainen) — *Hulkovius* (af Hulkoinen) — *Tarvonius* (af Tarvainen) — *Pavolænius* (af Poavilainen) — *Woivalin* och *Woivalenius,* hvardera (af Woivalainen) o. s. v. Andra af dessa slags namn hafva en topografisk anledning till sitt ursprung, t. ex. *Elimæus* (från Elimä) *Europæus* (ifrån Eyräpeä) — *Raumannus* (ifrån Raumo) och *Merijärvius* (från Merijärvi) m. fl. Af samma anledning finna vi deremot en hop andra namn (vanligen prestnamn, eller de "lärdes") som sluta sig på en annan latinsk ändelseform neml. på "ensis;" t. ex. *Tavastensis,* (från Tavastland) — *Lemoensis* (från Lemo Socken) — *Säkylensis* (från Säkylä S:n) — *Tenalensis* (från Tenala s:n) — *Wesilaxensis* (från Wesilax S:n) m. fl. Såbeskaffade namn får man numera icke ens höra. De namn som likväl kanske mest, och bäst, bibehållit karakteren af sin finska urtyp, äro sådane som ända sig på slutstafvelsen "lin," t. ex. *Järvelin* (af Järveläinen) — *Jokelin* (af Jokelainen) — *Hongelin* (af Honkainen) — *Mustelin* (af Mustoinen) — *Mäklin* (af Mäkeläinen) — *Avelin* (af Auvinen) *Salmelin* (af Salmelainen) och slutligen Kangaslin (från Kangasala Socken) m. fl. Icke nöjde härmed hafva några modellerat sina namn efter fransk snitt, t. ex. *Wenell* (af Weänäinen) — *Mohell* (af Mouhilainen?) eller — markerat det blott med skrifsättet, t. ex, *Tarkou, Turkou.* Andra åter hafva imiterat de Italienska namnen, t. ex. *Igoni* (af Ikoinen) och — Maconi (af Makkoinen). Icke nöjde härmed, hafva någre gått än längre i sin ifver att omskapa sina medfödda, inhemska, eller finska namn — till främmande, utländska, i det de öfversatt betydelsen af dem på andra, och utländska språk. Sålunda bildade man af slägtnamnet Svan (på finska Joutsen) slägtnamnet *Cygnæus,* och af tillnamnet Räf (på finska Kettuinen, och på Grekiska $\alpha \lambda \omega \pi \eta \xi$) uppstod familjenamnet *Alopaeus* — liksom af Härköinen, *Herkepæus* — under det en annan gren af samma stam ansåg sig lycklig att få heta Kettunius.

Vid såbeskaflade omständigheter må derföre ingen förundra sig om bland den mängd finska familjer, hvilka blifvit nobiliserade, och introducerade på Riddarhuset, man icke finner någon som oförändradt bibehållit sitt ursprungligen finska familjenamn, ty någon bokstaf deraf skulle antingen uteslutas eller förändras, om det skulle vara väl. Så t. ex. då en Karpalainen blef år 1407 af Konung Erik XIII upphöjd till Adliga ståndet — skref han sig *Karpelain,* och då namnet sedermera år 1625 blef introduceradt under N:o 38, skrefs det *Carpelan,* under hvilken form det ytterligare, 1790 (under N:o 310) upphöjdes till Friherrliga ståndet. Äfven den under N:o 10 introducerta Friherrliga slägten *Kurck,* hvars förfäder på 1370 talet skrefvo sig *Korke,* förskrifver sig troligtvis från det finska bonde-namnet Kurki, som på sin tid tyckes hafva spelat en roll i Finska historien (jemf. våra "historiska notiser om Familjen Kurck"). Och om vi icke misstaga oss (såvida vi nemligen förmoda att den år 1771 under N:o 1903 i Sverige baroniseradc familjen v*on Rayalin* ursprungligen är af samma stam som de finska prestslägterna Rajalin och *Rajalinus)* så härstamma de samt och synnerligen af den finska bondeslägten Rajalainen.

Huru förhållandet är med de finska familjenamnena inom Ryssland — känna vi allsicke; men förmoda att förhållandet ungefär måste vara detsamma. åtminstone hafva vi ryktesvis hört berättas att Finlands f. d. Generalguvernör Friherre *Rokassowsky* ursprungligen skall härstamnnma af en finsk bonde benämnd Rokkainen; och att likaså Grefve *Kleinmichel,* i fjerde led, har en finsk bonde till stamfar. Detsamma är förhållandet ej mindre med den Grefliga och Furstliga *Menschikoffska* än med den *Suworoffska* familjens upprinnelse. Hvad som åtminstone är säkert, är att vi — kände under namn av Finnar — blifvit af andra nationer, och i synnerhet af Svenskar, och Ryssar, ofta mer eller mindre föraktade; troligen af orsak att vi icke spelat någon större politisk roll i verldshistorion; men deremot tyckes det som våra ättefäder (?) kände under namn af Troll, Thussar, och Jättar hafva den tiden stått i ett högt anseende, efter de alltjemt, genom äktenskap, och slägtskap, vore befryndade ej blott med de Skandinaviska Konungarne, och Regenterna, utan äfven — med sjelfva Gudarne. (Jemf. *Förkl. öfver Tacitus*, sid. XXVII, not. 18).

Sedan vi nu (med afseende å de finska namnen), i görligaste måtto, och i största korthet, genomgått de äldsta af Skandinaviens urkunder, och såsom ett resultat deraf funnit att åtminstone *ett* sådant finskt familjenamn funnits i Norrige, analogt med de Savolaxska, och det redan för nära ett tusen år

sedan, såvida det blifvit åberopadt redan nära på 990 talet —
utan att nu här tala om de möjligen förvrängda, rådbråkade,
korrumperade, eller om de på Svenska öfversatta och
verterade; och att detta namn då åtminstone tycktes hafva
tillhört slägten, d. v. s. varit ett såkalladt slägtnamn [32] — skola
vi nu vända oss till vår andra granne, och se hvad de ryska eller
slaviska klosterkrönikorna, och menniskohäfderna, hafva i
detta fall att förtälja. Men vi måste härvid till vår egen blygd —
skam till sägandes — tillstå, det vi i vetenskapligt afseende —
ej utan att vidkännas en stor förlust — befinna oss här (med
afseende å språket) på en slags terra incognita. Dock att sluta af
de Ryska legender, och klosterannaler, hvilka Akiander
meddelat oss i svensk öfversättning — synes det vara föga
hopp om att på denna väg vinna någon upplysning i
förevarande fråga. Dock skola vi icke häraf låta afskräcka oss.
Det finnes, eller har åtminstone fordom funnits, Finnar —
annorstädes, än inom våra landamären, och i Skandinavien. Nå
låt oss då uppsöka dem! — Kanske kunna de bringa oss ljus i
saken.

Tacitus är den första, och efter honom Claudius Ptolomaeus
(som lefde 130 kr e. Chr.) den andra, som bestämdt uppger det
Finnar (således redan, långt före frälsarens tid) såsom bosatte i
det nuvarande Preussen — utsträckte sitt område ända till
stränderna af Weixeln. *)

---

[32] Oss veterligen förefanns, inom de andra Nordiska rikena, den
tiden ännu icke någon tillstymmelse till några slägtnamn. Ty de
genealogier, som af sentida Historieskrifvare, vid konungalängderna t.
ex. blifvit upprättade, hafva äfven af dem (för bättre reda skull) blifvit
— flere hundre år sednare, med slägtnamn begåfvade, sådane som t. ex.
den Fornjotherska, den Ynglingska, den iwarska slägtleden, m. fl.

*) Obs. att en betydlig provins i Preussen än idag heter Samland,

Nå hvad skall man här tala om Tacitus, säger läsaren (liksom många andra kanske) eller om hans drömmar och fantasier? Hans uppgifter hafva dessutom ovedersägligen blifvit vederlagde af andra, och isynnerhet af Tysklands såkallade "Lärda." [33]) Men Tacitus var icke den man, som var van (liksom många andra) att prata i vädret. Han hade noga reda på sina ord, och än mera — på sina tankar. Vi hafva redan engång förut underkastat hans yttranden om Finnarne — en större uppmärksamhet, och detsamma skola vi göra äfven nu. Men såvida inga historiska underrättelser angående de Finska slägtnamnen, äfven på denna väg, stå oss till buds, så låt oss då söka dem på en annan väg — nemligen i geografiskt afseende! Kanske hafva Finnarne sjelfva, i detta fall, förstått att förvara oss namnen på sina forntida hembygder, och stamhåll — under det man, från annat håll, om ej lyckats — likväl gjort allt, för att förstöra dem.

Vi taga, i sådant afseende, härvid i handen — en gammal latinsk karta öfver Konungariket Preussen, utgifven af Johan Baptist Homann (om vi icke misstaga oss — på 1750 talet). Och — hvad finna vi? Jo vi finna en massa med genuint finska namn, på såväl städer som byar; hvilka intill vår tid, nästan oförändrade bibehållit sig — ej blott i trakterna kring Kurische Haff men isynnerhet i de stora skogarne, som framstryka emellan större delen af det gamla Preussen, Mazovien, och

---

liksom den största provinsen i Litthauen heter Samogitien, m. m. (jemf. *Förkl. ö. Tacitus*, p. 116, ff.)

[33] Jemf. *Förkl. öfver Tacitus*, sid. 122. Nu sednast har en fransk Professor, vid namn Quatrefages, i detta afseende (i egenskap af fornforskare) blottat sin okunnighet, och gjort sig högst löjlig (se Finl. Allm. Tidn. 1871 n:o 249).

32

tillstötande Polska provinser; och hvilket utgör ett solklart
bevis — att hela landet, ännu under Frälsarns tid, varit bebodt
af Finnar. Men ej nog dermed! Vi finna vidare att dessa Finnar
hört till d. s. k. Savolaxska folkstammen, hvars slägtnamn de ej
blott bibehållit, utan dermed (liksom i Finland) äfven utmärkt,
och namngifvit, sina boningsplatser. Sålunda hafva de nu
åtminstone i nära 2000 år förstått att troget förvara namnen på
de personer som allraförst uppodlat och begyggt hvarje enskildt
ställe de haft i besittning.[34]) Men härvid gör troligen enhvar —

---

[34] För att äfven för dem, som icke äro det Finska språket mäktiga,
visa huru föga de forntida (minst 2,000 år gamla) Finska i Preussen
förekommande, familjenamnena skilja sig från de nuvarande i Finland
(och synnerligen i Savolax) till stor del än existerande, och fortlevande,
hafva vi – för jemförelsens skull – inom parentestecken här äfven anfört
de sednare, och hvartill vi ännu särskildt kunna tillägga att den inre, och
rätta, betydelsen, af hvarje namn – ännu ganska klart framgår af sjelfva
det Finska språket.

Om vi derföre nu börja med d. s. k.

I)   Sclavonia, eller Circulus Sambiensis, i östra Preussen, så finna
vi der följande orter namngifna (de därstädes oomnämnda,
naturligtvis, att förtiga) nemligen: 1. Staden *Gumbinen
(Kumpainen)*. En stad, med samma namn, förekommer äfven i
Ungern – måhända till en antydning hvilken väg Finnarne
framvandrat, innan de inkommo i landet. – 2. *Kaukenen
(Kaukoinen)* är än i dag ett nog allmänt slägtnamn, som
anträffas särdeles i Jockas. – 3. *Kautten (Kauttoinen)* är likaså
ett allmänt slägtnamn, ej blott i Savolax, utan äfven på de
Wermeländska Finnskogarne i Sverige. – 4. *Kaimelan
(Kaimaloinen)*. – 5. *Lapinen*, och - 6. *Laponen (Lapanen)*. - 7.
Lasdenen (Lastuinen) – 8. *Lautten (Lautiainen)* ett allmänt
slägtnamn. – 9. *Lencken*, och - 10. *Linkunen (Linkoinen*,
äfven *Liukkoinen)* ett namn, som igenkännes nästan öfverallt,
och äfven finnes i Jockas, såväl som på Finnskogarne i
Wermeland. - 11. *Mallien (Mallinen)* – 12. *Mathskalaven*

(Matiskalainen) – 13. *Metschinen (Metsäinen)* – 14. *Millunen (Millinen)* – 15. *Mulinen (Mullinen)* – 16. *Multeinen (Multiainen)* – 17. *Pellinen (Pällinen)* – 18. *Posteinen (Postiainen)* – 19. *Somerau (Somero)* – 20. *Tapiau (Tapio)* – 21. *Wendenen (Wänttinen)* – 22. *Wilmandinen*, m. fl. Dessutom tyckes äfven några Tyska namn hafva fått en Finsk ändelse, t.ex. *Usuponen (=Urpoinen), Jodupönen, Stalluponen, Budupönen*, m. fl. Och det ser nästan ut som orsaken hvarföre dessa namn bibehållit sig, skulle ligga i sjelfva slutändelsen, såsom öfverensstämmande med tyska språkets anda, såframt icke snarare det adopterat, och imiterat, den finska ändelseformen.

II) Äfven ned i Provinsen Natangen anträffas namnena – 23. *Lautten*, - 24. *Mallien* – 25. *Mumcinen (Mumsinen)* – 26. *Multeinen*. – 27. *Poppen (Poppoinen,* eller kanske *Paappainen,* och *Puuppoinen)*. – 28. *Tillenen (Tillinen,* och *Tyllynen)* – 29. *Wendenen,* och - 30. *Woinoinen (Wainoinen)* o. s. v.

III) I Ermeland, hörande till Marienburgska kretsen möta oss namnena – 31. *Leginen (Liekkinen)* – 32. *Lusieinen (Lusiainen)* – 33. *Putrinen (Putroinen)*.

IV) Och ännu ned i Kockerlandska kretsen påträffar man ännu t.ex. namnen – 34. *Kannien (Kanninen)* – 35. *Kossela (Kossela)* och - 36. *Narsinen*. Vi hafva redan förut, och enligt hvad tillförene blifvit nämndt – redan för 50 år sedan uppmärksammat detta i sanning intressanta förhållanden (Jemf. *Förkl. ö. Tacit.* p. 116). Men icke allenast allmänheten har – nu, liksom alltid – tanklöst öfverfarit det, utan äfven våra såkallade vetenskapsmän, litteratörer, fornforskare och historiskrifvare hafva härvid – liksom vid mycket annat af hvad vi påpekat, och från mörkret framdragit i dagern – varit lika blinda som döfva. Vi tro oss emellertid härigenom hafva tillfullo ådagalagt det Finnarne i allmänhet, och den Savolaxska folkstammen i synnerhet, varit de första som föregått, och öfverträffat, alla andra folkslag – med att antaga, enhvar, varaktiga och stadigvarande familjenamn; hvilket vi

34

eller göra vi åminstone — en gansku intressant observation, deruti nemligen, att dessa finska familjenamn — nästan oförändrade, och fullständigsa, i sitt primitiva skick — äfven blifvit i topografiskt, eller geografiskt, afseende tillagde sjelfva byarne, eller boningsplatserna; och hvarigenom således ett ursprungligen personligt, eller personelt (d. v. s. ett historiskt) namn, utan behörig formförmedling, eller omstöpning, blifvit förvandladt till (eller begagnadt såsom) ett geografiskt; liksom man någongång hos oss ser att fallet äfven varit detsamma i Finland. *) D. v. s. att dessa kring Weixeln boende Finnar icke kände eller åtminstone icke begagnade sig af den finska lokaländelsen på *la*. [35]) Häraf skulle man emellertid vara

---

redan måste betrakta såsom ett betydligt framsteg på civilisationens bana; och vidare inser man häraf, att dessa Finnar icke var ett folk – utan hus och hem, som Tacitus afmålar dem, utan att de hade fasta boningsplatser, och således idkade åkerbruk. Dock torde ibland dem äfven hafva funnits vagabonder. *On joukossa jotaik, karjassa kirjavia.*

*) Så t.ex. heta tvenne hemman *Tulonen* i Ulfsby socken, och *Ruokonen* är namnet på ett hemman i *Hirviniemi* by af Messuby socken, hvarutom en gård, benämnd *Pulliainen*, anträffas t.ex. i Pieximäki socken.

[35] Dock ingen regel utan undantag (så äfven här!). Ty ett ställe hafva vi ju åtminstone funnit, benämndt *Kossela*, der den vanliga, och genuint finska, lokala ortnamnsändelsen – redan blifvit använd och begagnad; såvida detta ej skett i någon sednare tid. (Byar, med namnet *Kossoila*, i Finland – finnas t.ex. i Kristina och Sääminge socknar). Att sluta häraf synes det såsom den lokala ordformen i Finska språket redan småningom börjat få insteg, eller börjat blifva bekant äfven hos d. s. k. Weixelfinnarne.

frestad att göra den slutsats, eller att tro — att det finska språket i Preussen den tiden icke, i detta afseende, varit så utveckladt, och kultiveradt, som det sedermera visade sig i Finland; och att den finska folkstammen troligtvis kanske flere sekler varit bosatt i Preussen, förr än den hant utsträcka sig till vårt land. *) Resultatet af denna undersökning har således blifvit, att de Savolaxska slägtnamnen äga ursprungligen en ålder ej blott af 900 utan åtminstone af 2000 år — — äfven om de möjligtvis då endast varit personela. Dock är det derföre icke sagdt, det de alla räkna denna ålder; ty liksom med tiden många måste dö ut, och försvinna, så måste, å andra sidan, äfven många nya tillkomna — stöpte likväl i samma form. Äfven i Liffland, eller ibland Letterna, finna vi spår till denna

---

*) Vi kunna dessutom, om det behöfves, genom Preussarnes egna folkberättelser, bevisa att Finnar fordom beherrskat landet. Så t.ex. påminner jag mig det jag på början af 1820-talet, å Universitetsbiblioteket i Upsala, läste en gammal på Tyska författad historia öfver Preussen, hvaruti, såsom prof på de forntida Preussarnes språk, meddelades något hvad Tyskarne icke förstodo; ty det var en på det fornfinska språket affattad hexeriformel (om jag rätt minnes – angående "ledvrickning"). Vid Danska fornskrifts-sällskapets sammankomst d. 28 April 1842, meddelade Etats-Rådet Finn Magnusen en honom tillsänd, och af Hr Jakob Grimm författad afhandling – rörande tvenne af Doktor Georg Waitz upptäckta, i en permskrift uti Merseburg förvarade, såkallade skaldestycken – tillhörande perioden af den Tyska hedendomen. Båda dessa såkallade "skaldestycken" äro af honom utgifne i ett *fac simile*, med en utförlig förklaring; hvaraf upplyses att de handla om det gamla Tysklands *Gudomligheter*, och äro författade under dess hedniska period. De utgöra således de äldsta hittills i Thüringen (?) Verstakten är densamma som begagnades af de hedniska Nordboarne, äfvensom af Saxarne och Anglosaxarne. (Jemf. Post- och Inrikes Tidningen 1842, N:o 161). Till upplysning i saken

äfven derstädes varande forntida finska befolkning, ehuru dessa spår äro af liten annan beskaffenhet, och äfven derföre leda till ett egetslags resultat. Väl känna vi icke huruvida rnöjligtvis äfven der kunde finnas såbeskaffade lokala namn, som vi upptäckt i Preussen; men deremot känna vi att bland den der ännu varande befolkningen fortlefva såbeskaffadeslags familjenamn som i Finland — ja samma slags som i Savolax. Så t. ex. förekommer i en socken, benänmd Kattlekan (nära Riga) flere af de förnämsta bondslägterna, hvars familjenamn gifva tydligt tillkänna att de ursprungligen varit Finnar, och troligen af samma härkomst som Savolaxarne. Bland dessa slägtnarnn må vi t. ex. nämna *Karkling,* hvilket der utgör ett diminutivum af ordet *Karkle,* som betyder harf 1) — på finska *karhi)* — *Putring,* ett diminutivum af ordet *Putre (gröt 2)* och — *Pulling 3)* m. fl.

Man finner af dessa familjenamn — att sjelfva stammen, eller roten, af det ursprungligen gamla finska slägtnamnet är,

---

förtjenar emellertid nämnas att åtminstone den ena af dessa godbitar är ingenting mer, och ingenting mindre, än en på tyska på sätt och vis translaterad, och med några forntida mytiska namn illustrerad, imitiation af den flerstädes äfven i Sverige och Norrige förekommande, från finskan ursprungligen öfversatta, besvärjelseformen emot benvrickning, (äfven som mot flug, qvesa, fulslag – på finska *koi).* Men det märkvärdigaste likväl af allt är, att ett uppkok (enligt Ferdinand Barnas meddelande) af detta slags finska hexeri – äfven förekommer i Ungern, hos d. s. k. Magyarerna, uti den fjerde af d. s. k. Bornemissa-besvärjelserna (jemf. Morgonbladet 1872, N:o 54) hvilket bevisar huru vidt denna trollformel blifvit kringspridd – troligen af orsak att deri talas om *Jesus,* och att den derföre kanske hyllades af de påviske.

       1) Denna slägt förekommer i Savolax, under namn af *Karkelainen;* en annan förekommer med familjenamnet *Karhilainen,* hvaraf t.e.x *Karhila* by, i Kristina socken, bär ett vittne.

oförändrad, qvar; hvaremot ändelseformen, eller den finska diminutiven, öfvergått till den lettiska. Detta leder oss naturligtvis till det resultat, att landets ursprungliga finska befolkning — icke blifvit fördrifen, eller nedgjord, af den i landet sedermera inträngande Lettiska, utan — förenat sig därmed, och sammanblandat sig med densamma, i det den antagit det lettiska språket, jemte seder och bruk. Men såsom bevis på den äkta finska segslitenheten, och ihärdigheten, — fortfara de icke dessmindre att, under flere sekler, bibehålla sina gamla finska familjenamn.

Men vi ämna icke stanna härvid — vi gå ännu längre!

Vi hafva redan tillförene omnämt att det finska folket fordom varit kändt under främmande och helt andra namn än nuförtiden. Nå vi skola då uppsöka dem under dessa forntida namn, i hopp att sålunda angående de Savolaxska familjenamnen möjligtvis vinna någonslags upplysning.

Redan Herodotus, Historiens nestor, som lefde omkring 450 år f. Chr. och således för 2300 år sedan, omtalar ett talrikt i

---

2) Denna slägt heter i Savolax *Putroinen*, eller *Puuroinen*, ett diminutivum af ordet *putro*, eller *puuro* (gröt) och anträffas äfven å Säfsens Finnskogar i Vesterdalarne. Slägten *Puuroinen* påträffas hos oss t.ex. i Pihtipudas kapell under Hvittis socken – bär deraf sitt namn.

3) Denna slägt kallas i Savolax Pulliainen, (hvilket ord der betecknar namnet på en slags uggla) och finnes äfven på Finnskogarne i Wermland. En gård, benämnd Pulliainen finnes i Pieximäki socken, och en annan benämnd Pullialanniemi i S:t Michels socken. Sjelfva slägten finne sej mindre der än i Jockas och Jorois, m.fl. st. Vi böra kanske på grund häraf anmärka att vi – åtminstone tills vidare – hafva anledning at tro det såväl Tschuderna i Ingermanland, som det s.k. Karelarne i Permska, Twerska, Nowgorodska och Nishnei-Nowgorodska Guvernementerna betjena sig af sådaneslags Savolaxska slägtnamn.

nordost boende folkslag, benämndt *Scyther,* okändt af andra, a)
beryktadt genom många fabelaktiga sagoberättelser, och af
andra nationer räknadt för att vara bland de äldsta i verlden —
ansågo de deremot sig sjelfve för ett bland de yngsta på
jorden.[36]) Under detta namn förstods troligen den tiden otaligt
många olika folkslag, särdeles finska, eller mer eller mindre
finnbeslägtade, hvilka då innehade en stor del af det nuvarande
Ryssland äfvensom en del af Asien. Såsom skäl till denna
förklaring har utom mycket annat blifvit anfördt, bland annat,
att Ryssarne benämna Finnarne, än i denna dag, för *Tschuder,*
— ett namn måhända deriveradt af ordet *Tiuht* (som betyder
"pöbel") och hvilket ord endast tyckes vara ett olika uttal af
ordet *Scyth.* Och vi kunna härvid tilllägga att Tscheremisserna,
ett annat i Ryssland boende finnbeslägtadt folkslag, än i dag
(enligt Schönström) kallas *Schiti* eller *Seti.* Vi skola i detta fall
snart komma fram med ett kraftigare bevis, hvarmed vi (såsom
man säger) slå spiken rakt på hufvudet. [37])

---

a) Detta, af olika elementer bestående, tarfliga, tappra, och
vidsträckt kringspridda folk, hvilket besegreade Perserna, under Darius
Hystaspis, slogo Medernas konung Cyaxares, hvars land de i flere år till
en del dominerade, och bekrigade till och med den Egyptiska konungen
Sesostris, hade väl icke bordt förblifva för Grekerna så okända, om icke
deras språk och lefnadssätt dertill varit orsaken.

[36] Enligt Herodotus, IV B, 5 C. Båda åsigterna hade såtillvida rätt,
eller sanningen för sig, att sjelfva namnet *Scyth* (enligt hvad vi längre
fram skola förklara) troligen då ännu icke var särdeles gammalt.
Åtminstone tyckes Homerus – som lefde omkring 1,000 år f. Chr. och
således 550 år före Herodotus – knappt känna Schytherna mer än till
namnet, hvilka han (liksom några andra) tyckes uppfattat under namn
"Thracier" (*Förkl. ö. Tacitus,* p. 97)

[37] Vi hafva gjort detta redan en gång förut (jemf. *Förkl. ö.
Tacitus,* sid. XXX) der vi äfven p. 104, m. fl. st., anställt en slags
parallelism emellan Scyther och Finnar – ehuru ingen tyckes hafva

Herodotus omtalar nemligen, i 5:te Kap. af IV Boken, att enligt Scythernas egna folktraditioner — skall deras ursprung vara följande: Den första man, som kom till deras land, hvilket då ännu var vildt och öde, hette *Targitain*. [38]) Redan detta ord borde slå oss en hvar litet för hufvudet! Ty det är icke blott ett Scythiskt namn — det är ju ett rent finskt, och ett ram Savolaxiskt familjenamn, som än i dag lefver flerstädes ibland oss isynnerhet i Jockas socken, kalladt *Tarkiain (Tarkiainen)*. Vidare säges det om honom, att han ägt trenne söner —

---

observerat det. Och för att äfven här vitsorda något i detta fall, må vi nämna att Finnarne allt ännu ej blott bibehålla den vackra österländska seden att hvarje dag taga sig ett bad, hvarigenom de skilja sig från de öfvriga folkslagen i norden; men de likna härvid deruti äfven Scytherna, att dessa - medelst att med vatten befukta upphettade stenar - begagnade sig af hvad man kallar im- eller svettbad. Väl badade sig österlänningarne vanligen om morgnarne; Finnarne deremot – om aftnarne. Tacitus uppger väl att det, ännu således på hans tid, skedde om morgnarne; och märkvärdigt nog, skall detta (enligt berättelse) någongång vara fallet än idag, i norra Satakunda (t.ex. i Hvittis socken (?). Detsamma skall bruket stundom äfven vara på några ställen i Tavastland (t.ex. i Pälkene socken (?). Också har jag hört att det någongång skall inträffa i Karelen, att man – efter slutad ritröskning – skall, om morgonen, taga sig ett bad, i badstugan; hvilket annars sker omkring klockan 6 på aftonen.

[38] Väl skrifves hans namn i den nuvarande Grekiska texten *Targitaon*; men att detta är orätt (och felet troligen uppkommit genom ovarsamhet vid någon af de i forntiden gjorda afskrifterna) finner man tydligt deraf att namnen på alla hans tre söner (ehuru sig emellan olika) äfven sluta sig på *ain*, och icke *aon*. Vi kunna ej förstå med hvad rätt, eller af hvad anledning, Carlstedt tagit sig det orådet att i sin svenska öfversättning af Herodotus, i strid emot sjelfva originalexten, - än ytterligare förändra deras namn, medelst att gifva det slutändelsen *ais*. Ett tilltag, emot hvilket vi, såsom obefogadt – högeligen protestera.

Lipoxain, *Arpoxain* och den yngsta – *Kolaxain*. [39]) Hvad lära vi
häraf? Jo att åtminstone dessa Schyter voro Finnar, eller hade
finska namn, sådane som än i dag brukas i Savolax. a) Nå lära

---

[39] Af ofvanstående uppräknade, fyra de äldsta, personela
fornscythiska namn, finner man att de - i full motsats af hvad som
utmärker de fornfinska namnen i Preussen – äro alla i saknad af den
mera fullständiga (diminutivum karakteriserande) ordformen, d. v. s.
förekomma under den af oss förut omtalta förkortade namnformen, som
sålunda synes hafva varit den ursprungligen äldsta. Häraf skulle man få
anledning till den slutsats (så framt nemligen detta ej tilkommit genom
Grekiskt tillgörande) det fornfinskan eller d. s. k. Scythiska språket – då
ännu icke (d. v. s. ungefär för 2,500 år sedan) – hunnit den utveckling,
som manifesterar sig genom den diminutiva ordbildningen; liksom
Finskan vid Weixeln (för ungefär 1,000 år sedan) med afseende å
lokalnamnen – icke då ännu erhållit den utbildning, som Finskan i
Savolax. Hvad nu det första namnet *Lipoxain* beträffar (i några editioner
skrifves det *Leipoxain*, ej olikt det Finska ordet *Leipojain*) så är det
mycket nog likaljudande det i Jockas socken, och flerstädes, ännu
allmänt kända Finska Familjenamnet *Lipsain* (eller *Lipsainen*); hvaraf
byn *Lipsala* derstädes fått sitt namn. Det andra namnet *Arpoxain* tyckes
vara om ej detsamma, så åtminstone nära beslägtadt med det såväl i
Finland som i de Wermeländska Finnskogarne allmänt bekanta Finska
Slägtnamnet *Arpiain* (eller *Arpiainen*); och det tredje namnet *Kolaxain*
liknar nog mycket det Finska familjenamnet *Kolchmain* (*Kolchmainen*)
eller *Holopain* (*Holopainen*). Om man just ville eftersöka, kunde man
dessutom finna mångt och mycket, som antyder ett slags frändskap
mellan Scyther och Finnar. Så t.ex. då man i 127 Kap. läser att
Scythiska konungen Idantyrsos bemötte Persiska konungen Darii yrkade
pretentioner, med anledning af dennes många framgångar – slutade han
sitt tal med det Scythiska ordstäfvet: *"det skall kosta dig tårar"*! Hvem
är det som ej härvid erinrar sig det – Finska härmed synonyma och
liktydiga ordstäfvet

itku pitkästä ilosta,
- ru kauvan naurannosta.
a) Såvida icke såbeskaffade slags namn vidare förekomma,

vi då häraf icke något mera? Jo, att dessa namn ännu icke, den tidens, voro slägt- eller familjenamn, utan vore personela — dem enskildt, hvar och ens, tillagde, således — nomina propria.[40] Hvad föjer häraf? Jo att denna fornschythiska tradition, i så måtto, nära öfverensstämmer med våra finska myter; eller att äfven *Wäinämöinen*, *Ilmarinen*, m. fl, af Kalevas söner, i saknad af slägtnamn, blott ägde en tillfällig enstaka benämning. Genom denna jemförelse, och likstämmighet, hvad de personela namnen beträffar, emellan de

---

antyder detta at den äldsta och primära folkstammen sedermera blifvit undanträngd af andra; hvarpå vi i den tidens historia (enligt Herodoti vitsord) hafva tusentals exempel.

[40] Finnarne hafva i allmänhet mycken lust att – i anledning af något som passerat, eller tillföljd af någon tillfällig omständighet – tilldela hvarandra binamn; hvilka ofta utgöra såkallade öknamn, eller ett slags skällsnamn – de der ofta, i dagligt tal, begagnas – särdeles i personens frånvaro. Så t. ex. fick en rik rusthållare i Jockas socken – för det han, såsom poike, engång stod i beråd att stjäla en knippa blår – i alla sina dagar heta *Tappura-pekka*. Prosten Ingman, i Kuopio – hvars första förfrågan var, då han kom till någon bondgård, om der stod att fås stekta rofvor (hvilka utgjorde hans delis) – var allmänt känd under namn af *Paistikas-Matti*; och en löjtnant Ehrnroth, som var – vid en rådplägning huru man bäst skulle förekomma den skada vargarne då tillfogade trakten – dervid tanklöst yttrade sig, och framkom med det förslaget att man skulle låta ro dem alla ut på en holme – fick till belöning härföre heta *Suen-soutaja*, så länge han lefde. Men ej nog dermed att enskilda personer, sålunda namngafs; äfven hvarje sockens menighet hade erhållit, såsom symbol, ett eget epitet till sin skilda benämning; hvilken på skämt, sades vara dess "korkonimi" (hedersnamn) ehuru det, i det hela, var dess "herjausnimi" (smädesnamn). Så t. ex. heter det att Mikkelin *variksen-paistajat*, Rantasalmin, *rapa-mahat* och Mäntyharjun *puukko-junkarit*, o. s. v. Detta gälde äfven om de Svenska socknarne, t. ex. Sibbo-*vargarne*, och Esbo-*rofbestar*.

42

fornscythiska folktraditionerna och de finska mytiska häfdeminnena, har man åtminstone vunnit en möjlighet att någotsånär kunna beräkna de Finska myternas verldsålder — hvilket annars vore platt omöjligt, i brist på någonslags ledtråd. Hvad särskildt deremot sjelfva språket beträffar, så synes det att döma af dessa exempel, såsom det under dessa mer än 2000 år — föga undergått någon väsendtlig förändring; och hvaraf man således torde kunna sluta att förhållandet, i detta afseende, borde ungefär vara detsamma — om man ytterligare räknar 2000 år från Herodotus än längre tillbaka, d. v. s. att för 4000 år sedan, Finnarnes förfäder, såväl med afseende å språk som seder, torde hafva bibehållit samma ståndpunkt. I sammanhang härmed må vi nämna, att vi dessutom — i en annan likaledes vetenskaplig afhandling, angående den Finska *Sampomyten* — mer än tydligt ådagalagt att, med undantag af Israeliterna, finnes det oss veterligen intet folk i verlden som förvarar så vackra, och sanna, så urgamla och anslående folkmyter, som — Finnarne ehuru dessa numera thyvärr, i sednare tider — skamligt nog, blifvit med andra sånger — sammanblandade, och förfuskade. Vid denna jemförelse finna vi vidare, hvad dessutom alla länders och folkslags historie besannar, nemligen att de såkallade slägtnamnen, eller tillnamnen, äro troligen en sednare tids uppfinning — okänd i fordna dagar, då (såsom man ser äfven af Herodotus), jemte de enskildta (*nomina propria* eller *personalia*) man endast begagnade sig af fadersnamnet (*nomina patronymica*) och folknamnet (*nomina gentilia*). Men ehuru, och på hvad sätt, de skilda folkslagen namngåfvo sina barn — torde deremot kanske vara något mindre utredt. *) Att detta dock skett medelst någon högtidlig

---

*) Väl talar redan Herodotus, på flere ställen, härom. Men bruket var olika, hos olika folkslag.

akt, eller under någonslags ceremoni, är emellertid antagligt. Egyptierna och Araberna torde, i likhet med Judarne och Israeliterna, hafva verkställt det vid d. s. k. omskärelsen, med sina gossebarn; men — när, och huruledes namngåfvo de sina flickebarn? Hvarifrån fick t. ex. Johannes den idén, eller det infallet, äfvensom den metoden att döpa Frälsaren — vid Jordans flod, är (mig veterligen) icke omnämndt; en döpelseakt som sedermera ingått, såsom en trosartikel, i den kristna religionen. Förmodligen existerade den tiden något sådant bruk, redan förut hos forntidens folkslag. Sturleson omtalar ju äfven, i Konung Harald Hårfagers saga, det hedningarne här i norden, på hans tid, hade för plägsed att döpa sina barn, med att ösa vatten öfver dem. Hvad Finnarnes beträffar, har visserligen Reimholm utgifvit en skrift angående *det finska folkets fordna dop och dopnamn*; men hvarutaf vi, i detta afseende, ingenting kunnat inhemta.

Vi hafva nu således vid fråga om de finska, eller rättare sagdt om de Karelska och Savolaxska slägt- och familjenamnens anor, funnit dem med afseende å sjelfva formen, eller till sin typ, minst vara 2000 år gamla; i hvilket fall vi således, med våra undersökningar i den vägen — gått längre, än någon före oss, och troligen längre än någon efter oss kommer att gå. Men vi kunna gå ännu längre! Ty höra Finnarne (enligt hvad som blifvit sagdt) till ett af verldens äldsta folkslag (om ock rubriceradt under ett främmande namn) så måste det väl finnas något spår af deras tillvaro — d. v. s. af deras namn, såväl som af deras språk — i veldens äldsta annaler, och urkunder.

Nå väl! Gubben Moses, som lefde vid pass 1550 år f. Chr. och således mer än 1000 år före Herodotus, är den äldsta författare och skriftställare, eller Historieskribent vi numera känna. Och ej nog dermed! Han omtalar, troligtvis enligt äldre (ehuru numera förgångna) skriftliga urkunder, såväl som enligt

44

gamla, muntliga, sagominnen och folktraditioner — hvad som redan passerat mer än 2000 år före hans tid. [41]) Så t. ex. omtalar

---

[41] Man kan kanske gerna antaga att åtminstone en million menniskor, under de sednaste seklerna, studerat Bibeln; som dessutom stänidgt varit ett föremål för de lärdas tvister, och djuptänkta resonemanger; och att de således äfven läst hvad Moses skrifver om Adams afkomma, och verldens befolkning. Men – huru hafva de läst? Såsom vanligt – tanklöst, och utan att reflektera. Man finner att han 1:o från Adam till Noach noga anför, och uppräknar *tio* rätt nedstigande slägtleder; och likaså 2:o från Noach (utan att nu här tala om Sems och Chams afföda) anför han af Japhets afkomma, likaledes – ytterligare *tio* rätt nedstigade slägtleder – till Abraham. Summa således 20 leder (utan att här tala om de leder som vidare från Abraham sträckte sig till Moses´ tid). Då man från Adam till Abraham vanligen räknar 2,000 år, så skulle på hvarje slägtled sålunda komma att belöpa sig till 200 år – hvilket torde vara mycket för mycket. Men vare nu härmed huru som helst, så framstår härvid, ovillkorligt, tvenne alternativer; hvilka här måste göra sig gällande. Nemligen – antingen äro alla dessa Moses´ genealogiska stamtaflor en ren dikt, och således en osanning; ungefär sådan som Matthias Martini *Parnassus Regum Sveciae*, tryckt 1686; deri han, på en klingande latinsk hexameter, i ordning noga uppräknar, och med utsatta årtal utmärker, alla Sveriges Regenter, räknade alltfrån Magog, Noachs sonason, som skulle hafva regerat år 1745 ifrån verldens skapelse, eller 2,259 år f. Chr. (Dock bör observeras att förf. var ingen historieskrifvare, utan endast – en skald).

Eller ock innehåller Moses´ berättelse, såsom de andra alternativet, verklig sanning; hvilket vi – dels med afseende å de noggranna uppgifterna, äfvensom med hänsigt till sjelfva stilen, eller språket i allmänhet, och af flere andra omständigheter – tillsvidare vilja antaga hafva varit fallet. I detta fall blir det för oss åtminstone mycket upplysande, och leder till två högst intressanta resultater. Då vi, af egna anfövandter – på sin höjd, i allmänhet endast minnas, och hafva reda på tvenne slägtleder, före oss (i det vi t.ex. endast känna "farfars gubben") eller känna vi på sin allrahögsta höjd – tre uppgående slägtlder, så beskref Moses dermeot, och hade (som det synes) noga reda på mer än tjugu ätteleder; hvilket ovilkrlligen bevisar att man ej blott i hans tid, utan redan i mera än tusen år före honom, måste hafva skriftliga, och historiska, underrättelser (såframt ej syndafloden nemligen, olyckligtvis, kommit häremellan) hvilka underrättelser sålunda måste hfva sträckt sig till omkring 200 á 300 år efter adams tid; och hvilket, utam annat (enligt vår tanke), är ett tydligt bevis, att adam – ingalunda var den första menniskan på jorden.*) Ty vi måste väl (om vi hafva aldrig så litet förstånd, och eftertanke) begripa, att från den tid menniskan gick naken, liksom de andra vilda djuren, i skogen – och till dess hon – först, från ett oartikuleradt ljud, eller läte, förstått att utbilda ett kultiveradt språk, och - sedermera, medelst begagnade af papper, bleck och skrifkonst, förstod sig att historiskt uppfatta sin ställning i verlden, m.m. – minst måtte hafva åtgått tusen, om ej flere tusen år, helst hafva vi ännu exempel, på vilda folkstammar i massa, som på hela 6,000 år icke antagit den ringaste civilisation, oaktadt de haft tillfälle att hafva den för ögonen. Och varaf således synes följa att menniskan redan befunnit sig här på jorden, minst tusen eller några tusen år före d. s. k. Adams tid. **)

*) Nå således har det då aldrig funnits någon *Adam*, tänker sig härvid den förbluffade läsaren. Väl säger oss sjelfva menniskoförståndet, att en menniska (eller åtminstone ett menniskopar) måste hafva varit det första i verlden; men – när? och - hvarest? Detta måste evigt för oss blifva en hemlighet. Hvad särskildt ordet *Adam* beträffar, så hafva vi förut (i *Finska Stamordens uppkomst*, p. 21) ådagalagt att det icke är ett namn (nom. propr.) utan ett epitet (ett nom. appell.) tillagdt honom troligen i sednare tider, egentligen betecknande far, farfar, stamfar. Emellertid innehåller redan sjelfva berättelsen om Adam – såsom ett försök att (medelst en såkallad folksaga, eller myt) förklara menniskoslägtets uppkomst, och tillgången dervid – en så hög och djuptänkt idé, jemte en, i fysiskt afseende, specialkännedom af menniskonaturen, att det måste ännu i dag förundra oss litet enhvar. Och hvilket (i vår tanke) bevisar – att menskligheten redan måtte hafva tillegnat sig en högre grad af kunskap och medvetande, då denna legend framträdde. Ja vi trotsa, att om någon af våra Herrar Professorer, i detta fall, tror sig kunna göra en bättre, och en trovärdigare förklaring – så må han göra det antingen på predikstolen, eller i katedern; och skola vi med nöje afhöra honom – i synnerhet om han derjemte kan upplysa oss – på hvilket språk Gud talade till Adam och Eva.

**) Då man kunnat tvifla om det någonsin funnits en Homerus, eller om Iliaden och Odyssén förskrifva sig från en och samma hand, så är det nog underligt,

46

han redan straxt i början af sin skrift (i Genesis 4 Kap. v. 22) en beryktad smed, benämnd *Tubalkain*. Utan att nu här fästa oss dervid, att finnarne — från urminnes tider, ej blott hos oss, utan äfven ibland andra folkslag här i norden — gjort sig kända såsom utmärkta smeder och jernfabrikanter, så har detta namn mycket slägtskapstycke med det flerstädes äfven hos oss (t. ex. i Jockas socken) ännu i dag förekommande finska slägtnamnet *Puhakkain;* och hvartill ännu kommer att Tubalkains syster hette *Naema*; och samma slags namn hade ännu flere hundra år sednare (enligt Gen. 10 k. 7 v.) äfven *Chams* sondotter. *Naima* är ju, som troligen en och hvar känner, ett genuint finskt ord, som hos oss ännu i dag bibehållit bemärkelsen af "giftermål"; men hvilket ord (enligt Jobsb. 2 K. v. 11) äfven blifvit användt att beteckna en viss orts namn; hvaremot åter i Ruthsbok (1 K. 2 v.) omtalas en hustru som hette *Naemi*. Qvinna, flicka, hustru heter deremot på vår nuvarande Finska – *nainen*. Men detta hindrar ej att det, på fornspråket, kunnat heta *naima* (bildadt af verbum *nain*) af samma skäl, eller på samma sätt, som *saama* af verbum *saan*.

Vidare, då det omtalas i samma kapitel att Adams hustru, efter Abels död, födde en son som hon kallade *Seth*, och att Seth åter hade en son, som kallades *Enos*, så tyckas äfven dessa ord vara rent finska slägtskapsord; hvilka, hvardera, på vårt språk hafva ungefär samma betydelse, och beteckna "onkel" dock med den skilnad att finska ordet *setä* betyder "farbror," hvaremot ordet *eno* deremot betyder "morbror." *) Sålunda

---

att ingen ifrågasatt – huruvida Moses hade lust och förmåga, eller tid och tillfälle att, under sina vandringar i öknen, skrifva och författa sina fem Moseböcker? Eller om de ej fastmera blifvit ihopsatte, sednare, af Judarnes rabbiner.

*) *Enos* betyder "din morbror," på samma sätt som *Saamas* betyder "din skatt."

hafva vi att söka finska namn, och finska ord, redan i fader Adams tid, och — längre kan man väl icke gerna gå, eller — huru? Ty Sanskrit, Zend och Pehlwi (eller hvad de alla må heta) jemförde således med finskan, komma här vidlag troligen till korta.

Slutligen, och i sammmanhang härmed, må vi nämna såsom ett kuriosom i sitt slag — med afseende å de finska slägtnamnen — att de (enligt hvad som omtalas i Esthers bok) Konung Ahasverus *) i det forntida såkallade Persiska riket, gästade i hufvudstaden Susan, lät han — af anfördt skäl — hänga den förnämsta af sina dervarande trotjenare, benämnd *Haman* — ett namn, hvilket tyckes nog mycket likna det finska slägtnamnet *Hamuin* (*Hamuinen*); hvilket af Fernow (sid. 528) lika orätt skrifves *Hammen*. Konungens Kammarherre hette dessutom *Mehuman,* och en af Furstarne hette *Memuchan* — namn som, åtminstone i våra öron, klinga mycket såsom finska; ty man behöfver endast tillägga antingen ett *i* för den sista konsonanten, eller ock efter namnet vidfoga dendiminutiva slutändelsen *nen*, då — ordet är färdigt. Men den som härvid likväl spelte den förnämsta rollen, och mest utmärkte sig, var en broder till Konungens svärfader, benämnd *Mardechai*; ett namn som tyckes vara nära nog detsamma som det i Finland (t. ex. i Jockas socken) allmänt ännu i dag förekommande finska slägtnamnet *Mardikain (Mardikainen);* hvarjemte vi dessutom hafva en annan slägt benämnd

---

*) Konungens gemål hette annars Vasti; ett ord lika litet främmande för det finska örat, som ordet *rasti, kaste, musti*, m.fl. Men drottning Vasti hade dessutom ett lynne, och ett sinne, som närmade henne än mera till d. s. k. – "finska envisheten."

48

Hardikkain, till ett bevis att namnet ursprungligen är finskt. [42] Jag vill härmed endast påpeka att sjelfva typen, för de Savolaxiska familjenamnen, redan förekommer ej blott hos Herodotus, utan anträffas äfven flerstädes i Bibeln, och det redan från fader Adams tid. [43]

Ja det tror jag väl! säger Pelle — dessa likheter bevisa i det hela ingenting; de äro endast såkallade "tillfälligheter," och utgöra blott en följd af "slumpen".

Nå finnes det då verkligen någon slump? Jag tror det icke, ty allt måste här i verlden hafva sina orsaker, likasåväl som sina följder. Men äfven om vi antaga sjelfva slumpen, hvarföre har den då icke så styrt, eller ställt till, att man äfven här träffat

---

[42] Väl föreges det att *Mardechai* var en Jude. Men fanns det då Judar den tiden? I alla fall betyder det icke mera än t. ex. då Ryssarne kalla äfven Finnarne för "Nemetski" (Tyskar); en misstydd och en missförstådd, ja på sätt och vis – en föraktlig benämning, hvarmed de utmärka alla andra nationer (med undantag af sig sjelfve) liksom då Romare och Greker, benämnde alla främlingar till "barbarer" (skägge-gubbar?). Hvad bevisar detta annat, än att man redan den tiden var porterad att nedsätta, och öknämna, främmande nationer. Och är detta kanske icke fallet än idag? Benämna icke Svenskarne Norrmän till "Norrbaggar", och kalla icke Engelsmännen Nordamerikanarne till "Yankees?" Men å andra sidan saknas det icke heller dem, som - på andra skäl – vilja hänföra Finnarnes härkomst från de tvenne (enligt Esrae 4:de Bok) af Assyriska konungen Salmanassar i fångenskap bortförde tio Israles slägter, hvilka skiljde sig från de andra och vandrade åt norden. (Jemf. *De finska Stamordens uppkomst*, sid. 11). Och eget nog låter namnet *Jude* mycket likt ryska ordet *tschude* (Romarnes *scythae*.)

[43] Vi hafva redan förut anmärkt denna omständighet såsom ganska naturlig; och tillägga nu en annan, lika naturlig, den nemligen att – å ju sentidare språk, en sådan jemförelse göres, desto mindre såbeskaffade likheter skall man finna – grannspråken naturligtvis undantagne.

spår af Svenska namn, hvilka t. ex. sluta sig på stafvelserna *qvist, berg, ström*, m. fl. Danska — på *sen*, eller Ryska som lyktas på *off, eff, witsch*, o. s. v. och Polska på *ski?* Ja man finner icke ens dem som, liksom de Latinska, ändas på *us* eller som de Grekiska — på *os*.

Vi finna det deremot ganska naturligt, att om Finnarne (liksom andra menniskobarn) sträckt sina ättefäder ända till Adams tider, så — om de helst något sånär förstått att trogen bibehålla sin ställning eller sin karakteristiska folktyp, så borde åtminstone några spår af deras namn, såväl som af deras språk, förekomma i verldens äldsta annaler och urkunder. Väl äro vi icke bevandrade i Gamla Testamentets skrifter, men vi äro likväl fullt öfvertygade att om man söker, skall man troligen finna flere såbeskaffade exempel som de anförda, hvilka för denna gång kunna vara nog; liksom vi, å andra sidan, tro oss vara förvissade derom, att — bland de flere hundradetals, ja tusentals namn, som i Bibeln förekomma (jemf. t. ex. de 9 första kapitlen af 1:a Krönikeboken) — inga, eller åtminstone högst få, skola lämpa sig för andra språk, och det af orsak att Finnarne i det längsta, med afseende å sina seder och sitt språk, varit stationära, och utgjort ett folk, som (i motsats mot andra) i tusental af år oförändradt bibehållit sig, åtminstone i flere afseenden, på den punkt de ursprungligen innehaft, hvilket vi äfven här, med flere exempel, upplyst.[44]

Sålunda hafva vi nu — ledda af en slags historisk forskning, å ena sidan, och å andra sidan, i geografiskt afseende, med kartan i handen — kommit till samma resultat, dit vi på en

---

[44] Så t.ex. bruket att dageligen, både vinter och sommar, taga sig heta imbad – är en gammal Scythisk plägssed, som de redan bibehållit i flere tusen år.

annan väg redan hunnit, 1828 i Otava, vid en närmare granskning af det finska folkets andliga kapacitet och själsodling; i thy att vi der ej blott åberopat, utan äfven formligen ådagalagt, att det (oss veterligen) finnes intet folk i verlden, som ibland sina gamla fornminnen, eller såkallade ordspråk, sedespråk, tänkespråk m. m. förvarar en sådan mängd, och ena sådan enorm rikedom, af de djupaste och kraftigaste, af de sannaste och visaste, filosofiska sentenser och lärosatser (filosofemer) och det ej blott framställda i de snillrikaste och mest genialiska ordstäf i alla möjliga ämnen, utan dessutom äfven uttryckta i en skön, ädel och poetisk stil, såsom dem vi nemligen ännu anträffat i munnen på det ännu lefvande Finska folket. Och hvilket, enligt vår tanke, förutsätter tillvaron af en lång, genom seklerna fortsatt, "lefnadsvishet"; hvaraf Finnarne sålunda fordom varit, och på sätt och vis ännu äro — i besittning; och hvaraf Romarnes såväl som Grekernas såkallade gnomer — endast äro en svag reflex. Härtill kommer ännu att finska språket, såväl i *stamord* som i *former* och böjelser, är rikare än något annat af oss kändt språk. *) Hvilket, enligt vår tanke — i förra fallet, bevisar att vara stamfäder fordona haft beröring med flere främmande och obekanta folkslag, och — i sednare fallet, att sjelfva språket redan under en ofantlig tidslängd blifvit behörigen af dem kultiveradt och bearbetadt. Hvartill kommer att Finnarne sjelfve, ifrån den stund deras namn första gången uppträdde i nordens historie, gjort sig kända — ej genom krig, och örlig (såsom andra

---

    *) Oaktadt jag redan för ett decennium sedan anmärkt (I Forskningar i finska språkets Grammatik, sid. 32) såsom någonting högst märkvärdigt, angående finska språket, att det – oaktadt sin egen ofantligt rika ordafvel – äger flere tusen skilda stamord, hvarigenom det

folkslag **) utan — genom ryktet att vara i besittning af en viss stor, inre och hemlig — vishet, och öfvernaturlig förmåga; som, efter den tidens uppfattning och åsigter, hufvudsakligast bestod i hexeri, andebesvärjningar och trollkonst; hvarigenom de, hos sina fiender, gjorde sig ej blott aktade, utan — äfven fruktade; i det de, emot den yttre fysiska eller materiela styrkan, sökte sig skydd och värn — medelst anlitande af den inre, andliga, och hos dem öfvernaturliga kraften, eller i den individuela magiska förmågan. [45]

Vi kunna gerna stanna här, och se huru långt de andra, — hvilka sednare än vi, i spetsen för det finska litteratursällskapet, befattat sig med behandlingen af de finska slägtnamnen — — hunnit med sina forskningar. [46] Men vi lemna dem i sitt värde,

---

skiljer sig från alla andra språk, så tyckes dock ingen hafva uppmärksammat etta sällsporda förhållande; och hvarvid vi här tillägga att de flesta af dem stå isolerade, och ofruktsamma (utan afkomma) till ett bevis att de ursprungligen förskrifva sig från flere främmande och olika språk, med hvilka tungomål finnarne, i en aflägsen forntid, måtte hafva stått i en närmare beröring.

**) Finnarnes valspråk har alltid varit:
Sota sortaa, rauha rakentaa.

[45] Ungefär detsamma yttrade, på sätt och vis, de Grekiska och Romerska skribenterna, om en del af Scytherna; hvilka de berömde för sedlighet, och rättrådighet, m.m. (Se Förkl. ö. Tacitus p. 97-108). Egenskaper som sedermera tillämpades på d. s. k. Hyperboreerna.

[46] Detta torde skönjas bäst vid jemförelsen af W. Kilpinens *Wähän Suomalaisten suku-nimistä* (i Suomi 1857, p. 15) och af A. E. Ahlqvists *Suomalaisten sukunimistä* (i Suomi 1860). Särskildt deremot har Dr H. Reinholm år 1853, ej utan mycket studium och sakkännedom, utgifvit en Dissertation *Om finska folkets fordna hedniska dop*, och *dopnamn*. Men under det vi godkänna en del, och deremot ogilla en annan del af hvad han anfört, nödgas vi om honom fälla samma omdöme som vi förut utsagt om presten Lindström och D. E. D.

och vi kunna härvid ännu gå ett steg längre; ty vi hafva ännu ett vidt experimentalfält härvid att begagna, nemligen det — rent "filologiska"; hvarom vi, i förbigående, redan någongång nämnt. Vi hafva likaledes i detta afseende vid ett tillfälle förut, och det redan för några decennier sedan, såsom en besynnerlighet, anmärkt — att ej blott ordet *Adam*, utan äfven flere af de äldsta patriarkernas namn, såsom t. ex. *Abraham, Isak, Jakob, Esau, Kain, Noach*, m. fl. tyckas vara, om ej Finska, så äga de likväl i språkligt afseende för oss ett sådant anklang, att deras troligtvis sanna och genuina betydelse, vid en närmare språkforskning — nog klart, och tydligt, kan framgå ur finskan. [47] Såsom ännu ett ytterligare bevis (om det behöfves) på det finska folkets, och det finska språkets verldsålder, äfvensom den nära beröring hvaruti våra stamfäder fordomdags måtte hafva stått till d. s. k. "Guds barns", förtjenar kanske omnämnas — att vi ännu muntligen, i våra folkmyter, förvara åtskilliga reproduktioner af sammaslags mytiska urkunder, hvilka — under namn af "underverk" — omtalas i Gamla Testamentes skrifter; ehuru de på ett eget, och på ett högst originelt sätt, blifvit framställda af Finnarne. Vi hafva nemligen redan förut, i en särskild afhandling om den finska *Sampo*-myten, omnämnt flere såbeskaffade för oss åtminstone högst intressanta företeelser. Och kunna vi derföre, såsom exempel på såbeskaffade fall, här tillägga — att berättelsen i

---

Europaeus – att de nemligen varit flitige samlare, och trägna arbetare – enhvar, i vår Herres vingård – men att de, som oss åtminstone synes, dervid tagit sig vatten öfver hufvudet, i det de sammanblandat, och ihopråddat både likt och olikt; hvaraf de hvarken sjelfve, eller andra, haft något gagn – mycket mindre någon nytta.

[47] Jemf. t. ex. *Jumalasta, ja hänen monenaisesta nimitämisestä*, p. 118, 119 och om *De Finska stamordens uppkomst*, p. 21, 26, 28 och 32.

1:sta Mosebok om Noachs och hans ark, har mer än mycket syskontycke med berättelsen, om Wäinämöinen, ensam gungandes i sin båt på verldshafvet; hvarvid den förres dufvor motsvarar den sednares svalor. Likaså då det berättas i Bibeln, om Profeten Jona, det han — för att kunna lugna hafvet — nödgades ligga tre dygn i fiskens buk; och hvarom, det heter: "Jag ropade till Herran, i min ångest, och han svarade mig; jag ropade utur helfvetets buk, och du hörde min röst" — så är detta ett sidostycke till hvad som t. ex. i Topelii Runor 1 D. p. 27, ff. likaledes berättas om Wäinämöinen, huru han — för att vinna ändamålet — väsnades och ragassade i buken på Antero Wipuinen; *) hvarifrån han dock blef lefvandes åter utsprutad, liksom Jona — utur fiskens buk. [48]

---

*) Det synes mig annars som detta af Topelius (i 1 D. s. 29) först åberopade, och sedan i 17:de Runan af Kalevala intagna namn–möjligen voro en miss-skrifning; ty en längre Runa om denna Wipuinen, som jag redan för längre tider sedan upptecknade af bonden *Samuel Nykytti*, hemma från Akolalahti, by i Wuokkiniemi socken, börjar sålunda:

> Viikon on *Wipuinen* kuollut,
>
> Kauvon *Kantervo* katonna;
>
> Haapa kasvoi hampahista,
>
> Leppä leukaluun nenästä;
>
> Kulmista komiat kuuset,
>
> Paju-pehku parran alta.
>
> Sill´ on suussa suuri tieto,
>
> Mahti ponnetoin povessa,
>
> Vatsass´on varat väkevät. –
>
> Läksi Seppo *Ilmolinen*, (Ilmarinen?)
>
> Ei saanut sanoja tietä –
>
> Läksi vanha Wäinämöinen, o. s. v.

[48] Och månne icke historien om den stora Kurbitsen, som skylde och betäckte Jona, har någon likstämmighet med den af Topelius i IV

54

Hvarje Finne inser troligen ännu i våra dagar, att det här —
d. v. s. att det i dessa våra mytiska berättelser — icke kan vara
fråga om några historiska sanningar, eller såkallade faktiska
förhållanden, utan att det berättas, och uppfattas, med särdeles
nöje och behag, såsom snillrika i poetiska och estetiska
känsloutgjutelser; ty den finska folkpoesin står ännu på den
punkt att den upptäcker (eller inblåser) lif och anda i allt uti
naturen; hvilken den sålunda målar lifslefvande (jemf. Sv.
Litter. Tidn. 1817, p. 304). Men vi deremot, vi som tro oss äga
mera förstånd än alla dessa fordna hedningar, vi gudfruktige
själar och rätt-troende kristne — oaktadt vi veta att bruket hos
de österländska folkslagen fordom var, liksom det ännu är, att
så i tal som i skrift skildra allt medelst symboler, och med
bildsköna poetiska färger — så, då vi i Bibeln läsa dessa
efterrättelser, hvilka just förskrifva sig derifrån, hafva vi härvid
icke så mycket eftertanka, att vi kunna inse detta, — d. v. s. sitt
vi kunna uppfatta sjelfva andemeningen häraf, utan vi fästa oss
bokstafligen vid sjelfva orden; och tro fortfarande, oryggligen
och enfaldeligen, på dessa slags poetiska allusioner och
allegorier, liksom vore de Guds ord. [49] Derföre då vi t. ex. läsa
(i 2:dra Konungabokens 2 K. 11 v.) huruledes Profeten Elias,
med hästar och vagn, åkte upp till himmelen, — ty det är just
sjelfva det "underbara" (hvad som öfvergår vart förstånd)
hvilket vi i detta fall hufvudsakligen älska — så skulle säkert

---

Del. p. 15 omtalta jättestora eken, hvars topp nådde till himmelen, och
hvars löfrika qvistar utsträckte sig åt alla väderstreck?

[49] Vi tro, på grund häraf, det vi – vid läsningen af såbeskaffade
ställen – göra oändligt klokare, och handla vida förståndigare, om vi
förstå dem, såsom de rätteligen böra förstås (nemligen poetice, eller
allegorice) hellre än att såsom de ortodoxa och bigotta göra – binda sin
tro vid dem, och sålunda taga sitt förnuft till fånga.

mången from själ ibland oss härvid kanske gerna önskat att, med honom, hafva fått göra ressällskap, på vägen — till evigheten. Dit hoppas också vi en dag komma, ehuru — med mindre pomp och ståt.

Nu vore det väl redan tid att slutat denna uppsats, angående de finska såkallade slägtnamnen, synnerligen som jag icke har något särdeles att tillägga; men såvida jag lofvat att ingå i en diskussion angående namnet *Wäinämöinen*, så måste jag väl, så som en bra karl — stå vid mitt ord. *)

Hvad nu Wäinämöinen personligen beträffar, så hafva vi redan förut ådagalagt det han i urtiden, d. v. s. i den allra äldsta forntid, inom de finska myterna — i visst afseende (nemligen med afseende å menniskans jordiska förhållanden) — spelat ungefär samma roll som *Zeus* (eller *Jupiter*) i den Grekiska myten, och som *Gud fader* sjelf, enligt de Israelitiska sagominnena. Han är således, i så måtto, icke ett af gårdagens barn! Men äfven såsom sådan — kan han ej i tiden förblifva ett evigt stillastående element; med ett ord — han måste äfve framgent stundom lefva, och för det Finska folket uppenbara sig. Wäinämöinen uppträder derföre någongång ännu i en sednare forntid; så t. ex. spelar han samma roll som *Noach*, i den bibliska — som *Deukalion*, i den Grekiska myten, och — som *Wischnu*, i den Indiska. Men ej nog härmed! Han återkommer, medelst sina sjöäfventyr, ännu en gång i en vida sednare tid, vid det han, nära nog, representerar sammaslags roll som Thessaliern *Jason*, på sin tid, och Trojanarn *Æneas*, — på sin. Med ett ord, då skalderna engång fått fatt i ett namn, som förekommer dem älskvärdt, återkommer det tidt och ofta, både i tid och — otid. Hvilket t. ex. här är fallet med namnet Wäinämöinen, som förekommer (nära nog, skulle jag tro) vid tusende olikaslags tillfällen. Såsom skaldekonstens fader, och

---

*) Jemf. företalet till *Sampo-myten*.

banerförare — förliknas han ej blott vid *Apollo*, utan än mer vid dennes son, *Orpheus*; hvilken (liksom *Wäinämöinen*) passerade såsom en stor läkare, och som äfven i sin tur, (enligt Wirgilius, *Georgic, IV, 454 ff.*) en gång besökt den underjordiska verlden, för att derifrån afhemta sin afledna unga maka *Eyrydice;* och hvars luta slutligen, efter hans död, blef upphöjd ibland stjernorne, liksom Finnarne än i dag kalla konstellationen Orions bälte för *Wäinämöinens svärd* (eller *lia*) och d. s. k. sjustjernans stjernbild bär namnet af hans *Näfversko* (jemf. Otava 11 Del. sid. 103).

Hvad särskildt åter Wäinämöinens *namn* vidkommer, så är det såväl till sin uppkomst, som till sin karakter, ej blott ursprungligen rent finskt, utan hafva vi, hvad dess ålder beträffar — bevist att det åtminstone i formelt afseende, d. v. s. med hänseende till sin typ, eller yttre form, kan sålunda vara kanske minst 4000 år gammalt; och att Wäinämöinen sjelf, i thy fall, torde äga samma (eller likamånga) anor som den af Herodotus förmälta Tschudiska folkstammens stamfader *Targitain*, eller som den uti Bibeln omtalta, i Susan boende, kungliga slägtingen *Mardikain*; och detta så mycket mer som vi ej blott funnit finska ord, utan äfven finska namn, redan i fader Adams tid, eller i verldens aldra äldsta urkunder. Hvad deremot den inre betydelsen, eller den ursprungliga bemärkelsen af ordet *Wäinämöinen* beträffar, så — hvem kan numera utgrunda den, eller förklara dess första såväl bemärkelse, som upprinnelse? Dock hindrar detta oss icke att göra ett försök — äfven i den vägen.

Enligt vår mening förhåller det sig härmed presist på samma sätt, som med ordet, och namnet, *Adam*. D. v. s. det är i sig sjelft ursprungligen icke något egentligt namn, det betecknar ursprungligen endast ett visst personligt förhållande; a) men det har sedermera, under tidens längd, öfvergått till bemärkelsen af ett namn. I detta fall blir ingenting lättare än att deschiffrera detsamma. Och det förundrar oss högeligen att ingen hittintills, och — redan långt för detta, förmått det. Men man måste då härvid fästa sig vid en (som oss synes) äldre version deraf, hvilken allt fortfarande tyckes bibehålla sig inom det Estniska språket, nemligen ordet *Wainemoinen,* i stället för *Wainamoinen* (som det troligen ursprungligen hetat) sammansatt af orden *vainaa* och *moinen*; och hvilket efter orden betyder "den oförgätliga, eller den minnesvärda hädangångne", d. v. s. — den "oförliknelige salige mannen". *)

Vi hafva dessutom nyligen i en skrift angående den finska *Sampomyten,* medelst flere anförda exempel, antydt den parallelismus, som ofta ännu skönjes emellan de Finska myterna (å ena sidan) och ej blott emellan de Israelitiska fornsagorna, utan äfven emellan de Grekiska, Egyptiska och Indiska (å den andra); hvarvid de Finska — enligt hvad vi funnit — utmärka sig genom sin äldre stil och — alfvarsamma hållning, d. v. s. genom sin — så väl till form, som innehåll — enkelhet, ädelhet och värdighet; då de sednare deremot ofta frappera oss, ej mindre genom sina många fantasterier än genom sina ej sällan framhållna immodestier. Så t. ex., ehuru rollen är densamma, emellan *Hercules* — som begaf sig till underjorden, för att derifrån med våld bemäktiga sig Cerberus — och emellan *Wäinämönen,* som likaledes infann sig derstädes — i den lofliga afsigten, att derifrån (i stället för

---

a) Ordet och namnet Adam – enligt hvad af oss blifvit utredt ej mindre i de Finska stamordens uppkomst sid. 21 än i Jumalasta, m.m. sid 119 – betyder egentligen *menniskoslägtets stamfader.*

*) Äfven Gud kallades ju fordom *Vanhamies.*

58

behöriga_arbetsverktyg) inhemta nödig upplysning med afseende å sin företagna, ännu ofulländade, farkostbyggnad, så — hvilken skilnad är det ej, t. ex.i hvardera fallet, på sjelfva beskrifningen härvid? Än vida vidskepligare, och onaturligare, förekomma oss den förres såkallade "tolf underverk', jemförde nemligen med de dem motsvarande värf, och idrotter, som (enligt de finska myterna) i likhet härmed tilläggas såväl Ilmarinen som Lemminkäinen, under deras frieritider i Pohjola. a)

Annars förtjenar det kanske härvid tillägas, att ehuru vi nog haft dem, som — både i tid, och otid — befattat sig med de finska myterna, så hafva vi (af alla figuranter) likväl icke haft en enda, som förstått sig uppå att deschiffrera dem, eller som förstått närmare uppfatta, och för oss förklara betydelsen af desamma. Så t. ex. då den finska myten omtalar, och för oss beskrifver huru Wäinämöinen nedsteg i *Wipuinens* mage, så stå vi alla, vid beskrifningen häraf, försagde, betagne, — förbryllade, och perplexa öfver hvad som berättas; i det vi, vid förtäljandet häraf, endast stumma gapa och förundra oss, utan att någon härvid uppfattar myten, eller förmår förklara sjelfva andemeningen deraf. Och likväl är ingenting i det hela så lätt (enkelt) och — i ögonen fallande, som detta. Nå skola vi då nu kanske här gå att förklara den — eller icke? Nej, må framtiden göra det, om den kan! Vi vilja det icke. Icke heller har någon

---

a) Några skall härvid kanske anmärka: Nå han är ju rent af tokig! Eller – huru kommer det sig till, att han här intresserar sig för *Finska myter*, och det oaktadt fördömer eller förkastar, d. v. s. formligen protesterar emot *Finsk mytologi*? Efter att förut hafva förklarat, hvad med myt (enligt min mening) egentligen bör förstås, nemligen en poetiskt framställd fabel, i afsigt att medelst sinnebilder, och under förtäckta allegorier, förklara vissa större såväl natursanningar som

hittills kunnat det. Vi minnas ännu alltför väl den slags tacksamhet oss vederfarits, — så från högre ort, som från lägre, — för alla våra många, såväl i vetenskapligt som i fosterländskt afseende, ädla sträfvanden och dryga uppoffringar. *) Dock efter vi nu engång sagt *A,* så må vi då äfven säga *B*; ty annars skall man åter förebrå oss härvid för sjelfförtroende, egenkärlek och skryt, eller förevita oss impertinenser och inkonseqvenser, m.m. Nå vi må då här upplysa hela den "lärda verlden", att andemeningen härmed är den, att enär ingen af den nuvarande generationen, eller med andra ord — då icke den närvarande tiden, i detta fall förmår, medelst några goda råd och förslager, hjelpa oss ur vår förlägenhet, eller kan lösa gåtan (som man säger) så skola vi söka lösningen deraf — i den redan framfarna tiden, d. v. s. hos menniskoslägtets redan hädangångne intelligenta storheter och andliga förmågor, dess *genier* och *snillen*, hvilka numera (sedan de lemnat oss) hvila i det tysta; men hvilkas framfarna fruktbara och intelligenta verksamhet, likväl — i sjelfva produkterna deraf — evinnerligen frodas och lefver. Med ett ord: man skall i thy fall vädja till verldshistorien och fornforskningens värf, medelst att söka kunskaper och visdom — ej i den närvarande tiden, der

---

naturhemligheter, så är mytologin deremot – något helt annat. Den innefattar ej blott en blind tro på dessa myter, dem hon icke allenast betraktar såsom vissa dogmer och trosartiklar, utan afser äfven deras dyrkande och tillbedjande, och isynnerhet – att såsom Gudar vörda, och helighålla, de personers namn, som dervid förekomma och framträda. Något som likväl ej förr kan inträffa, eller komma ifråga, än sedan folket förlorat såväl sin poetiska som estestiska ståndpunkt, och fallit i oförståndets mörker och – vantrons armar.

*) Ja vi vilja här icke ens tala derom, så vedervärdigt förekommer det oss; men vi beklaga, med anledning häraf, mest vetenskapen, fäderneslandet, och dessa våra – såkallade "Landsmän".

60

oftast ytlighet och dårskaper herrska, utan i den redan förflutna, eller egenteligen att tala — hos vetenskapernas pelare, och mensklighetens heroer. Och häruto förvarar oss nu den finska myten — ej blott en *stor sanning*, utan derjemte äfven — en *djup lärdom*. Ty det är ej hos dagens hjeltar och nutidens riddare — det är fastmer hos de många hädangångne verldens *ljus* och *snillen*, vi skola söka verklig visdom och sanning, der nemligen döden redan hunnit besegla den. Ty lika säkert som *framtiden* ännu har mycket i sitt sköte, att härutinnan lära oss, — lika säkert har äfven *forntiden* det, om blott vi förstå att, såsom sig bör, riktigt tillegna oss frukterna deraf. Och skola vi, i så måtto, hellre — under vår närvarande tid — vara trogna skattgräfvare af det *framfarna*, än förmenta dagdrifvare, och lycksökare, såsom blifvande arfvingar till den såkallade "rika framtiden." Det är nu en vink om allt detta, som myten angående *Wipuinen* ger oss vid handen; och vi tro att ingen skall, i thy fall, jäfva sanningen häraf. Denna i sanning djupsinniga lärdom har troligen, på ett sinnligare och tillika på ett åskådligare sätt, icke gerna låtit sig framställas; och torde äfven på ett mera öfvertygande sätt — svårligen kunna låta göra sig. Ja, må vi derföre — forska djupt i *forntiden* (å den ena sidan) under det vi — blicka lugnt i *framtiden* (å den andra) så skola vi derigenom gagna *samtiden*; och våra *efterkommande* skola — välsigna oss! Och härmedelst taga vi, för denna gång, ett ömt afsked af läsaren, till dess vi — se hvardera åter.

Obs.

Sid. 20, rad 9. Efter orden *talo* (gård) tillägger: eller *tila* (lägenhet).
    "   31, " 17, står: *Mouhilainen* – läs: *Mouhiainen*.